Les essentiels de l'OCDE

Le capital humain

Comment le savoir détermine notre vie

OCDE

ORGANISATION DE COOPÉRATION ET DE DÉVELOPPEMENT ÉCONOMIQUES

ORGANISATION DE COOPÉRATION ET DE DÉVELOPPEMENT ÉCONOMIQUES

L'OCDE est un forum unique en son genre où les gouvernements de 30 démocraties œuvrent ensemble pour relever les défis économiques, sociaux et environnementaux que pose la mondialisation. L'OCDE est aussi à l'avant-garde des efforts entrepris pour comprendre les évolutions du monde actuel et les préoccupations qu'elles font naître. Elle aide les gouvernements à faire face à des situations nouvelles en examinant des thèmes tels que le gouvernement d'entreprise, l'économie de l'information et les défis posés par le vieillissement de la population. L'Organisation offre aux gouvernements un cadre leur permettant de comparer leurs expériences en matière de politiques, de chercher des réponses à des problèmes communs, d'identifier les bonnes pratiques et de travailler à la coordination des politiques nationales et internationales.

Les pays membres de l'OCDE sont : l'Allemagne, l'Australie, l'Autriche, la Belgique, le Canada, la Corée, le Danemark, l'Espagne, les États-Unis, la Finlande, la France, la Grèce, la Hongrie, l'Irlande, l'Islande, l'Italie, le Japon, le Luxembourg, le Mexique, la Norvège, la Nouvelle-Zélande, les Pays-Bas, la Pologne, le Portugal, la République slovaque, la République tchèque, le Royaume-Uni, la Suède, la Suisse et la Turquie. La Commission des Communautés européennes participe aux travaux de l'OCDE.

Les Éditions OCDE assurent une large diffusion aux travaux de l'Organisation. Ces derniers comprennent les résultats de l'activité de collecte de statistiques, les travaux de recherche menés sur des questions économiques, sociales et environnementales, ainsi que les conventions, les principes directeurs et les modèles développés par les pays membres.

Cet ouvrage est publié sous la responsabilité du Secrétaire général de l'OCDE. Les opinions et les interprétations exprimées ne reflètent pas nécessairement les vues de l'OCDE ou des gouvernements de ses pays membres.

Publié en anglais sous le titre :
Human Capital
How what you know shapes your life

Avant-propos

Le capital humain est décisif pour la réussite économique des individus et des nations. Mais le savoir, les habiletés et les compétences sont aussi les conditions du bien-être personnel et social de chacun et de la collectivité à laquelle il appartient.

L'éducation joue un rôle clé dans la formation du capital humain. Mieux nous sommes formés, meilleurs sont nos revenus, et ces bénéfices renforcent également la croissance économique. Mais l'impact de l'amélioration du capital humain va au-delà de l'économie : les niveaux de santé s'améliorent, l'engagement communautaire s'accroît et l'emploi en sort gagnant. Et le capital humain sera de plus en plus crucial dans les années à venir, à mesure que la mondialisation valorisera les compétences technologiques et la capacité d'adaptation.

Trop de personnes n'ont malheureusement pas l'opportunité de développer pleinement leurs compétences. Même dans les pays développés, jusqu'à 20 % des jeunes ne complètent pas l'enseignement secondaire, ce qui affecte gravement leurs perspectives d'emploi. De plus, l'échec touche souvent au premier chef certaines communautés, entraînant leur marginalisation à la fois économique et sociale.

En raison de son importance pour le développement économique et social, le capital humain est depuis longtemps une problématique prioritaire pour l'OCDE. En témoignent les travaux approfondis qu'elle mène sur les questions liées à l'éducation, notamment pour améliorer l'enseignement et l'apprentissage en classe, et tirer les leçons des succès et des échecs des pays membres afin d'améliorer l'efficacité des systèmes éducatifs. Le programme PISA, qui mesure les compétences des jeunes de 15 ans dans plus de 40 pays à travers le monde, est sans doute la plus connue de ces initiatives. Mais l'OCDE s'attaque également à des questions telles que l'enseignement de demain, les structures d'accueil de la petite enfance, l'éducation, l'apprentissage tout au long de la vie et l'enseignement tertiaire.

L'OCDE s'intéresse aussi aux questions liées à la santé afin de mieux comprendre comment ce secteur fonctionne et comment il peut servir au mieux la collectivité.

Si les médias – journaux, télévision et autres – rendent souvent compte des travaux et des conclusions de l'OCDE, nous souhaitons depuis un certain temps les rendre accessibles à un public plus large. C'est pourquoi nous lançons cette nouvelle collection : Les essentiels de l'OCDE.

Sa vocation est de susciter un débat à la fois informé et éclairé sur les questions clés qui touchent nos sociétés et nos économies. Beaucoup trop souvent, en effet, de tels débats sont plus passionnés qu'éclairants. L'idée est de jeter les fondations d'un dialogue de fond qui transcende les échanges partisans – si fondées et âprement défendues que soient les opinions en présence – et s'appuie sur des faits et des chiffres objectifs. Nous croyons que peu d'organismes sont aussi bien placés et expérimentés que l'OCDE pour jeter la lumière sur les vérités que nous ne voulons pas toujours voir.

Notre souhait est que cette nouvelle collection apporte aux lecteurs les données et les éclairages nécessaires pour comprendre, en honnête homme du XXIe siècle, les changements et les défis qui façonneront à l'avenir nos économies, nos sociétés et, en définitive, nos vies.

Angel Gurría
Secrétaire général de l'OCDE

Remerciements

L'auteur souhaite remercier les personnes suivantes pour leurs conseils et leur aide :

Willem Adema, Andrea Bassanini, Gary S. Becker, John Bennett, Annabel Boissonnade, Nick Bray, Tracey Burns, Alejandro Camacho, Rory Clarke, Margot Cohen, Martine Durand, Juliet Evans, Vincent Gallart, Tom Healy, Herwig Immervoll, Sue Kendall-Bilicki, Kaisu Kärkkäinen, Mosahid Khan, Vladimir Lopez-Bassols, Kate Lancaster, Janet Looney, Angus Maddison, John Martin, Marco Mira d'Ercole, George Papadopolous, Vikrant Roberts, Jean-Jacques Salomon, Tom Schuller, Raymond Torres, Spencer Wilson, Gregory Wurzburg.

L'auteur remercie également Emmanuel Dalmenesche qui a traduit cet ouvrage de l'anglais vers le français.

Note sur les monnaies

Sauf indication contraire, il est fait référence au dollar américain.

Ce livre contient des...

StatLinks

Accédez aux fichiers Excel®
à partir des livres imprimés !

En bas à droite des tableaux ou graphiques de cet ouvrage, vous trouverez des StatLinks.
Pour télécharger le fichier Excel® correspondant, il vous suffit de retranscrire dans votre navigateur Internet le lien commençant par : ***http://dx.doi.org***.
Si vous lisez la version PDF de l'ouvrage, et que votre ordinateur est connecté à Internet, il vous suffit de cliquer sur le lien.
Les StatLinks sont de plus en plus répandus dans les publications de l'OCDE.

TABLE DES MATIÈRES

1

Les enfants d'aujourd'hui grandissent dans un monde en mutation. Avec la mondialisation, les économies s'ouvrent, les opportunités se multiplient, et l'essor du savoir bouleverse les fondements de l'économie. Autant de défis nouveaux, sans compter le vieillissement démographique, que nos sociétés devront relever.

Investir dans le changement

En guise de préambule...

En cette froide après-midi d'hiver, Villiers-le-Bel ressemble à beaucoup d'autres banlieues de Paris : de longues rangées d'immeubles identiques, un magasin à prix réduits désert au coin d'une rue et un centre communal près duquel traînent des groupes de jeunes.

Il y a quelques mois, ce sont des jeunes comme eux qui ont amené les banlieues sur le pavé parisien. Nuit après nuit, des milliers de voitures sont parties en fumée au cours d'émeutes qui ont fait la une des journaux à travers le monde. En France, certains se sont contentés de parler de violence gratuite. D'autres y ont vu un cri de colère de communautés immigrées victimes, depuis des décennies, d'exclusion sociale et de marginalisation économique.

Aujourd'hui, les émeutes ne sont plus qu'un souvenir au centre communal. Dehors, des jeunes vêtus de blousons matelassés écoutent du rap sur leur minichaîne stéréo. À l'intérieur, quatre femmes au chômage ont rendez-vous avec un conseiller à l'emploi. Certaines sont nées en France, d'autres sont des immigrées, toutes viennent de milieux ethniques différents. Elles parlent de ce qu'elles doivent mettre dans leur CV et de la façon de démarcher les employeurs. Puis la discussion dévie, non sans emportements, sur les problèmes qu'elles rencontrent dans leur recherche d'emploi.

Certaines pensent que les employeurs sont réticents à les embaucher parce qu'une seule ligne de chemin de fer dessert leur localité : les retards et les grèves risquent de les empêcher d'aller travailler. D'autres croient que les obstacles à l'embauche sont plus insidieux et relèvent de préjugés et de la discrimination. Mais toutes s'accordent à dire que le manque de formation peut constituer un obstacle majeur.

C'est le cas de Linda. Elle a grandi en France, dans une famille d'origine nord-africaine attachée aux traditions, et regrette, aujourd'hui, de ne pas être allée au bout de sa scolarité. « J'étais une élève modèle à l'école, explique-t-elle, mais mon père croyait que les femmes ne devaient pas travailler, mais rester à la maison jusqu'au mariage. Dans notre éducation, notre culture, notre religion, la femme est obligée d'accepter les choses telles qu'elles sont. »

Linda s'est mariée alors qu'elle n'avait pas 20 ans, mais son mariage n'a pas duré et elle a dû élever seule ses enfants. Ce qui a amené sa famille à reconsidérer ses croyances. « Mon père a finalement accepté mon divorce. Maintenant il comprend ma situation et il a changé d'attitude. Il me pousse à trouver du travail. » Mais c'est tout sauf facile : « Je n'ai pas de CV, pas d'expérience professionnelle et je n'ai jamais fait de stage. » Elle s'est tournée vers l'Agence nationale pour l'emploi (ANPE) pour décrocher une formation et espère que ça l'aidera, tout en sachant que rien n'est gagné. « Il n'y a aucune garantie », dit-elle.

À l'instar de Linda, les femmes savent aujourd'hui qu'elles doivent avoir une formation si elles veulent réussir, trouver un meilleur emploi et améliorer leurs revenus. Ce constat n'a rien de révolutionnaire. Partout dans le monde et dans toutes les classes sociales, les parents harcèlent leurs enfants pour qu'ils étudient sérieusement et obtiennent de bonnes notes, en espérant qu'un jour leurs efforts seront récompensés.

Ce conseil repose sur un concept intéressant : les années que nous passons à étudier génèrent une forme de **capital** qui peut produire des intérêts à long terme, comme d'autres sortes de capitaux que nous connaissons mieux, argent ou biens fonciers, par exemple. Cette idée a de plus en plus de partisans chez les décideurs publics et son influence dépasse le seul domaine de l'enseignement. On peut ainsi considérer qu'être en bonne santé est un genre de capital dont les gains se chiffrent en années supplémentaires d'espérance de vie.

On peut même considérer les modes de relations et les valeurs partagées au sein d'une société comme une sorte de capital qui permet aux gens de travailler ensemble et de réussir économiquement. Son absence explique sans doute certains des problèmes dont souffrent des banlieues telles que Villiers-le-Bel.

Ce livre est consacré à ces formes de capital.

▶ Ce premier chapitre expose à grands traits certaines des questions clés qui seront examinées plus en détail dans la suite de l'ouvrage. Il porte tout d'abord sur les tendances mondiales qui sont fondamentales pour ces approches du capital : évolution démographique, mondialisation et essor de l'économie du savoir. Il s'intéresse ensuite à la traduction de ces tendances dans la vie quotidienne et aux défis qu'elles posent. Enfin, il présente les travaux entrepris par l'Organisation de coopération et de développement économiques (OCDE) pour étudier et analyser les effets de la mondialisation et les réponses que les sociétés et les gouvernements peuvent leur apporter.

Quels défis nos sociétés doivent-elles relever?

Tandis que vous lisez ces lignes, le village d'Ogama, au Japon, a peut-être disparu. En raison de l'éloignement des infrastructures médicales et des services nécessaires à la vie quotidienne, ses habitants, de plus en plus vieux et de moins en moins nombreux, ont en effet décidé de céder leur terre à une usine de recyclage pour partir s'établir dans une ville plus grande, où ils auront emmené avec eux les ossements de leurs ancêtres et le sanctuaire du village.

Le déclin de l'économie rurale du Japon est en partie responsable de la disparition du village d'Ogama. Mais un phénomène de fond touchant l'ensemble du monde développé est aussi en cause : le vieillissement démographique. Il tient à deux raisons principales : nous vivons plus longtemps et nous avons moins d'enfants. Cette tendance aura des effets notables sur les pays développés dans les années qui viennent. Quelques chiffres suffisent à s'en convaincre :

- Environ 15 % de la population des pays de l'OCDE avait plus de 65 ans au début du XXIe siècle; on prévoit que cette proportion atteindra 25 % d'ici à 2030.
- La population en âge de travailler dans les pays de l'OCDE a augmenté de 76 % dans la seconde moitié du XXe siècle; on prévoit qu'elle augmentera seulement de 4 % au cours de la première moitié du XXIe siècle.
- Les changements démographiques affecteront le potentiel de croissance : alors que l'Europe a aujourd'hui un potentiel de croissance annuelle de 2.3 %, on prévoit qu'il tombera à 0.5 % d'ici à 2050.

Par conséquent, le poids des prestations sociales dont bénéficient les personnes âgées reposera bientôt sur les épaules d'une population active de moins en moins nombreuse. Il est donc probable qu'un nombre croissant d'entre nous devra continuer à travailler au-delà de l'âge actuel de la retraite, tout simplement parce qu'il n'y aura plus assez de jeunes. (Au Japon et dans d'autres pays, c'est la population tout entière, et pas seulement la population active, qui diminue.)

Mais pour continuer à travailler, nous devrons mettre à jour nos compétences tout au long de notre vie active. Les compétences

> **« Le vieillissement est à la fois un défi et une opportunité. Il exercera des pressions croissantes sur les dépenses publiques et freinera la croissance économique. Mais c'est aussi une formidable opportunité : c'est, pour nous tous, la possibilité de vivre plus longtemps des années gratifiantes, au travail et à la retraite. »**
>
> *Vivre et travailler plus longtemps*

nécessaires pour travailler ne cessent en effet d'évoluer, et le rythme de cette évolution s'accélère. Deux facteurs clés sont à l'origine de cette tendance : la progression de la mondialisation et l'essor de l'économie du savoir.

La mondialisation en marche

La mondialisation est un phénomène complexe et controversé qui recouvre un large éventail d'orientations sociales, politiques, culturelles et économiques. Pourtant, il repose sur un fait simple : les frontières n'ont plus l'importance qu'elles ont eu. La mondialisation est perceptible dans tous les domaines : de la diffusion rapide des technologies au nombre croissant d'étudiants et d'universitaires qui vont étudier et travailler à l'étranger.

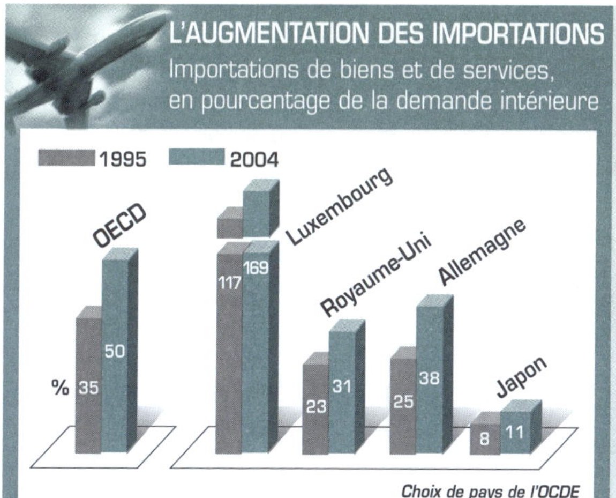

L'accroissement des échanges internationaux est le reflet de la mondialisation. Mais d'autres facteurs que l'ouverture des frontières déterminent les niveaux d'importation et d'exportation, notamment la taille de l'économie et sa situation géographique.

Pour consulter les données portant sur les 30 pays de l'OCDE, utilisez le StatLink ci-dessous.

Source : Panorama des statistiques de l'OCDE 2006.

StatLink : *http://dx.doi.org/10.1787/033606857738*

Au plan économique, la mondialisation signifie que les économies nationales sont de plus en plus intégrées à la fois les unes aux autres et à l'économie mondiale. Une série d'accords internationaux a permis de libéraliser les échanges et l'investissement, les multinationales trouvent tout naturel de délocaliser leur production, et les frontières n'existent pour ainsi dire plus pour les biens manufacturés et certains services.

Selon ses partisans, la mondialisation induit de la croissance économique et démultiplie les opportunités d'échanges commerciaux. Mais elle a aussi, dans une certaine mesure, exposé les emplois manufacturiers, les emplois peu qualifiés et certaines professions qualifiées à la concurrence croissante de pays comme la Chine et l'Inde, où les niveaux de salaire sont bien plus bas que dans les pays développés.

L'économie du savoir

L'émergence de l'économie du savoir exerce sur nos sociétés une pression du même ordre que celle de la mondialisation. La valeur du savoir et de l'information est de plus en plus évidente dans les économies développées. Cette tendance est renforcée par la diffusion rapide des technologies de l'information à haute vitesse.

DES OUTILS POUR L'ÉCONOMIE DU SAVOIR

Investissement dans la R-D, l'enseignement supérieur et les logiciels, en pourcentage du PIB

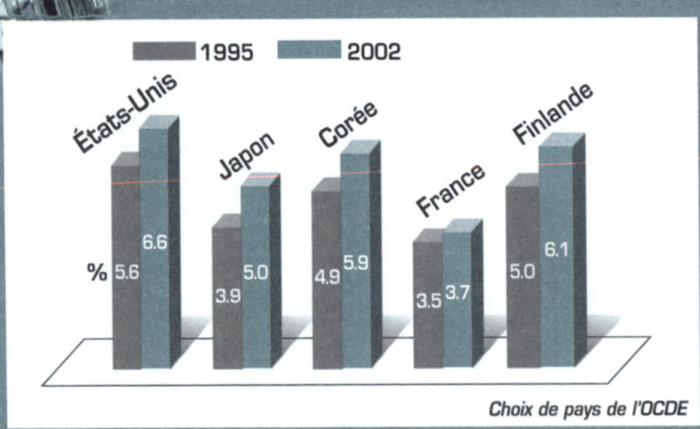

L'investissement dans la R-D, l'enseignement supérieur et les logiciels – une source importante de rendements à venir – augmente plus rapidement aux États-Unis et au Japon que dans la plupart des pays européens.

Pour consulter les données portant sur les 30 pays de l'OCDE, utilisez le StatLink ci-dessous.

Source : Panorama des statistiques de l'OCDE 2006. StatLink : *http://dx.doi.org/10.1787/386607236623*

Désormais, ce ne sont plus les muscles mais les cerveaux qui font la différence : d'où le fossé croissant qui sépare nos revenus selon que nous avons ou non un degré d'instruction élevé.

Les origines de ce fossé remontent souvent à la prime enfance. Même dans les pays développés, les enfants issus de familles pauvres ont moins de chances d'accéder à un bon niveau d'instruction que ceux qui viennent de familles riches, d'où leurs plus grandes difficultés à être compétitifs une fois adultes.

La pauvreté ne se résume pas au manque d'argent : elle s'exprime aussi par un manque de ressources – en matière d'éducation, de santé et de relations sociales – qui handicape la réussite économique. L'impact de la pauvreté n'est pas seulement perceptible à l'échelle de l'individu. Dans de nombreux pays de l'OCDE, on est de plus en plus préoccupé par la marginalisation de groupes sociaux entiers. En raison de leurs liens distendus avec le reste de la société et de leur niveau d'instruction relativement faible, ces groupes ne sont pas en mesure de participer pleinement à une économie mondialisée reposant sur le savoir. Beaucoup pensent que ce phénomène de marginalisation est à l'origine des émeutes qui ont touché les banlieues françaises en novembre 2005. Mais la France n'est pas, loin s'en faut, le seul pays où des communautés entières sont coupées du reste de la société. Comment maintenir la cohésion d'un peuple abritant des communautés de plus en plus diverses et marginalisées? C'est le défi que doivent relever de nombreux pays développés.

> **« L'élargissement du fossé entre les élites et le reste de la population conduit à s'interroger sur la cohésion sociale au sein de nombreuses sociétés – cohésion qui a été et reste aujourd'hui le fondement de leur stabilité. »**
>
> Jørgen Ørstrøm Møller dans
> la *Société créative du XXIe siècle*

Comment nos sociétés relèvent-elles ces défis?

La mondialisation et l'économie du savoir donnent l'impression d'être de vastes systèmes climatiques se déplaçant lentement dans l'atmosphère et échappant à tout contrôle. De fait, aucun pays ne peut aujourd'hui à lui seul façonner l'évolution de l'économie mondiale, même si certains ont à l'évidence plus d'influence que d'autres. Toutefois, les sociétés et les gouvernements peuvent – et même doivent – réagir aux évolutions économiques et sociales de façon à protéger les intérêts de leur population.

Comme nous le verrons dans ce livre, les choix stratégiques des gouvernements peuvent jouer un rôle crucial dans l'évolution des économies nationales comme dans la vie de leurs citoyens. Pour illustrer notre propos, imaginons la vie de Jean, un enfant né à Villiers-le-Bel…

Des années de croissance économique ayant permis de construire une bonne infrastructure hospitalière, Jean a eu la chance de voir le jour dans un environnement sûr et de survivre aux premières semaines de la vie. Ce n'est pas ce qui se passe dans la plupart des autres pays. Sur les quelque 60 millions d'enfants qui naissent chaque année dans le monde, environ quatre millions meurent au cours de leurs premiers mois, selon *Save The Children*, un organisme humanitaire britannique. Environ 99 % de ces décès ont lieu dans les pays en développement.

> **« La croissance économique n'est pas le seul objectif des pouvoirs publics, mais elle procure effectivement des ressources qui permettent de s'attaquer à l'exclusion sociale, à la pauvreté et à la mauvaise santé. »**
>
> *Du bien-être des nations*

Quelques mois à peine après la naissance de Jean, sa famille se trouve face à un premier dilemme. Sa mère doit-elle retourner travailler ou rester à la maison? Elle est consciente qu'elle risque de nuire au développement de son enfant si elle le confie à une nourrice. Mais elle sait aussi que reprendre le travail améliorera le budget familial ainsi que ses perspectives de carrière à long terme.

Sa décision dépendra pour une large part des mesures gouvernementales existantes. Certains pays de l'OCDE incitent financièrement les mères à rester au foyer, tandis que d'autres les encouragent au contraire à reprendre une vie active au nom de la lutte contre la pauvreté familiale. Les politiques gouvernementales et les choix de société affectent donc profondément la vie de Jean bien avant qu'il soit en âge de voter.

Et ils continuent de le faire à cette étape cruciale de la vie qu'est l'école. L'efficacité des systèmes éducatifs varie grandement selon les pays, et les facteurs qui les façonnent sont parfois si ancrés dans la société qu'ils masquent leurs faiblesses. Alors que dans certains systèmes scolaires les enfants issus de milieux pauvres doivent se battre pour réussir, dans d'autres modèles, l'origine sociale joue beaucoup moins. D'où l'intérêt de comparer les performances des systèmes scolaires à l'échelle internationale afin de mieux saisir ce qui les différencie et d'adapter les réponses gouvernementales.

Si Jean vient d'un milieu social défavorisé, il devra probablement se battre tout au long de sa scolarité pour réaliser son potentiel. Il risque de quitter l'école dès qu'il le pourra pour essayer de trouver un emploi. Mais son manque de compétences et de formation limitera considérablement ses choix, d'autant plus que les emplois manufacturiers continuent d'être délocalisés dans les pays moins développés.

> **« Dans la société du savoir, le progrès social et la croissance économique exigent que tous aient l'opportunité d'acquérir les savoir-faire et les compétences nécessaires en matière de savoir. »**
>
> *Cofinancer la formation tout au long de la vie*

En supposant qu'il trouve un emploi, Jean aura peut-être la possibilité de suivre une formation pour adultes, mais il se peut que son employeur ne veuille pas dépenser d'argent pour former un employé facilement remplaçable dont le niveau de compétences est faible. À moins que le gouvernement ne finance cette formation, malgré ses efforts pour mieux gagner sa vie, Jean aura de plus en plus de mal à s'en sortir…

De quoi est-il question dans ce livre?

Que peuvent faire les gouvernements et les sociétés pour aider tout au long de leur vie des personnes comme Jean à concrétiser leur potentiel? C'est, parmi bien d'autres questions, l'une de celles auxquelles l'OCDE s'efforce chaque jour d'apporter des solutions. Les activités de l'OCDE, qui rassemble 30 des principales démocraties de marché, consistent à analyser des sujets clés en matière d'action publique, qui affectent directement la vie des gens. En s'inspirant de ces travaux, ce livre montre comment le concept de **capital humain** permet de répondre à des défis sociaux et économiques majeurs.

Un livre aussi concis ne peut évidemment donner qu'un aperçu des enjeux les plus importants et des nombreux travaux de recherche et d'analyse de l'OCDE. D'où l'ajout de graphiques, de tableaux et de citations qui donnent une idée de ces travaux. À la fin de chaque chapitre, une section renvoie également à des lectures complémentaires tirées du catalogue de l'OCDE.

Le **chapitre 2** explique en quoi consiste le capital humain et montre pourquoi les technologies de l'information et du savoir sont chaque jour plus importantes pour la croissance économique à travers le monde.

Le **chapitre 3** se penche sur l'importance des premières années de la vie et sur le rôle déterminant que peuvent jouer les politiques familiales dans le bien-être des enfants.

Le **chapitre 4** est consacré à la scolarité et aux facteurs qui rendent les systèmes éducatifs plus ou moins efficaces.

Le **chapitre 5** s'intéresse à la formation et à l'éducation continues, dont l'importance ne cesse de s'accroître avec l'évolution des économies et l'augmentation de l'espérance de vie.

Le **chapitre 6** aborde quelques-uns des facteurs plus généraux qui permettent aux gens de gagner leur vie, notamment le fait d'être en bonne santé, tout en soulignant les liens existant entre les rapports sociaux et l'éducation.

Enfin, le **chapitre 7** examine comment on peut mesurer les niveaux d'éducation au sein d'une société, avant d'en tirer quelques conclusions.

Qu'est-ce que l'OCDE?

L'Organisation de coopération et de développement économiques (OCDE) est un forum au sein duquel 30 démocraties de marché œuvrent de concert pour relever les défis économiques, sociaux et de gouvernance que posent une économie chaque jour plus mondialisée. Ces 30 économies représentent 75 % du commerce mondial.

La création de l'OCDE remonte au plan Marshall, mis en œuvre après la Seconde Guerre mondiale pour reconstruire les économies européennes, favoriser une croissance économique durable, l'essor de l'emploi et la progression du niveau de vie. Ces objectifs restent au cœur de la mission de l'OCDE, qui s'efforce également de contribuer à une expansion économique saine, dans les pays membres et ceux en développement, et à l'expansion du commerce mondial sur une base non discriminatoire. Dans cette optique, l'OCDE a tissé des liens avec de nombreuses économies émergentes.

Les chiffres sont au cœur des travaux de l'OCDE. L'Organisation est l'une des sources de données comparées parmi les plus importantes et les plus fiables au monde, notamment en matière d'indicateurs économiques, d'éducation et de santé. Grâce à ces données essentielles, les gouvernements des pays membres peuvent comparer leurs expériences en matière d'action publique. L'OCDE élabore également des lignes directrices, des recommandations et des modèles dans des domaines tels que la fiscalité et les questions techniques, où la coopération internationale est vitale pour que chaque pays continue à aller de l'avant dans une économie mondialisée.

www.oecd.org

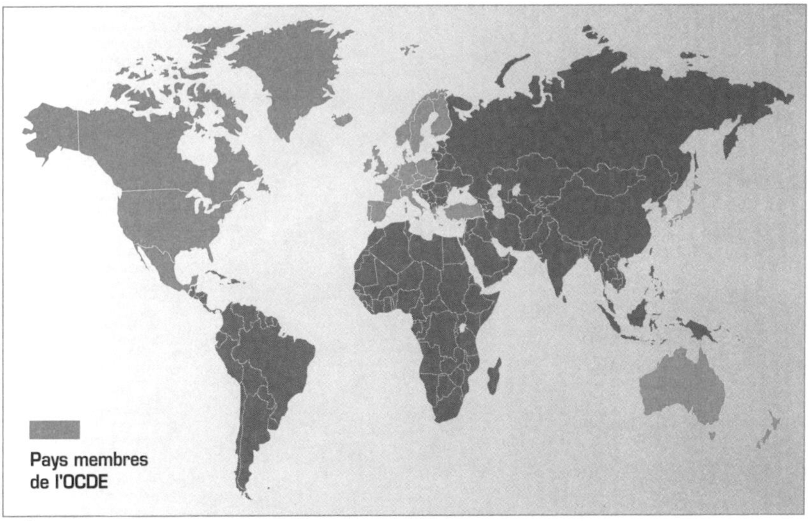

2

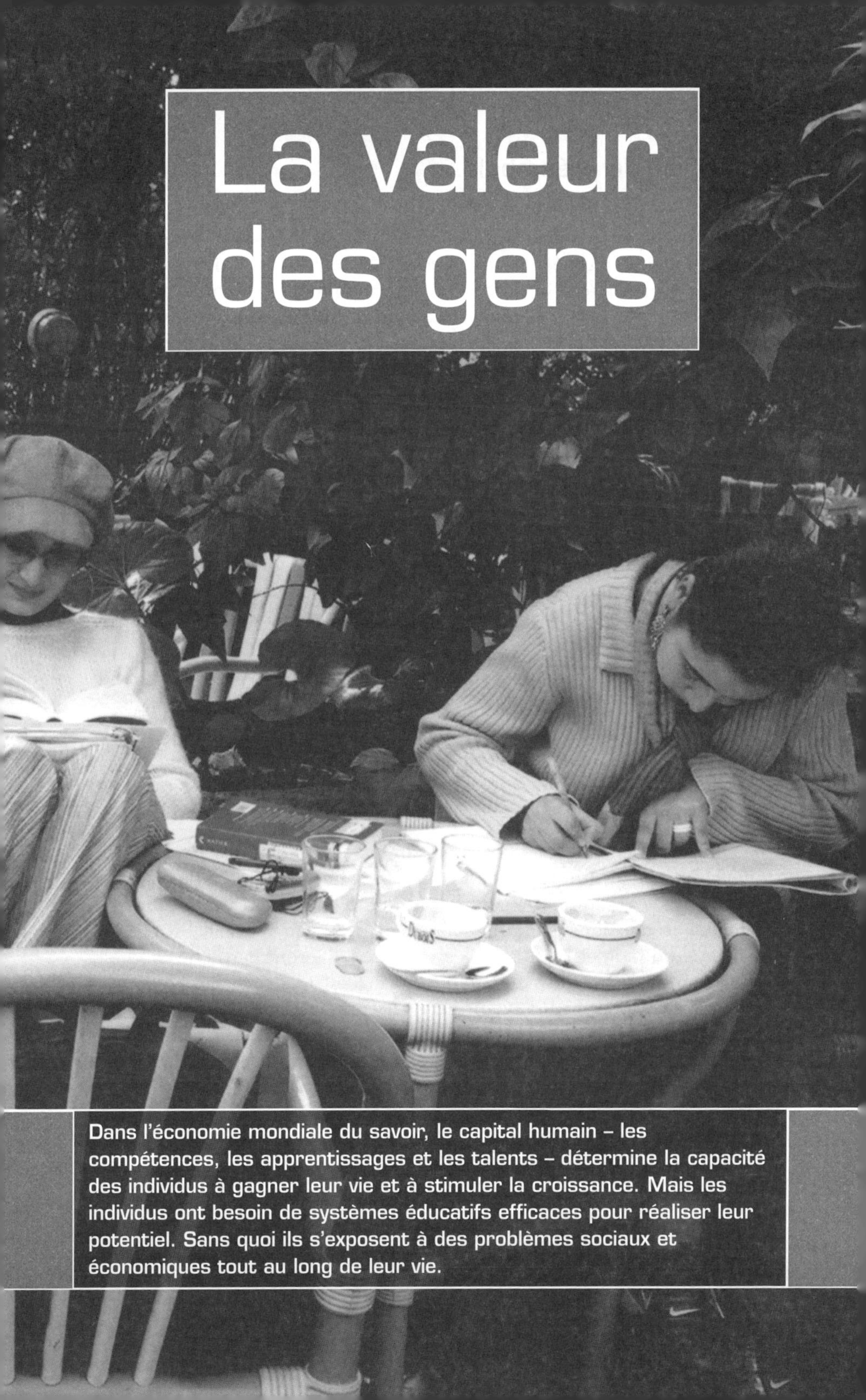

La valeur des gens

Dans l'économie mondiale du savoir, le capital humain – les compétences, les apprentissages et les talents – détermine la capacité des individus à gagner leur vie et à stimuler la croissance. Mais les individus ont besoin de systèmes éducatifs efficaces pour réaliser leur potentiel. Sans quoi ils s'exposent à des problèmes sociaux et économiques tout au long de leur vie.

En guise de préambule…

L'action se situe à Bangalore, en Inde. Vikrant Roberts se prépare à une nouvelle journée de travail chez SAP, une société internationale de services et d'ingénierie en informatique. Bangalore est la plaque tournante de la haute technologie en Inde et, selon cet ingénieur en logiciel de 28 ans, elle change rapidement : « Bangalore a longtemps été une petite ville paisible où l'on pouvait faire de longues promenades tranquilles. À présent, elle devient surpeuplée et la circulation tient du cauchemar. »

À tout moment, Vikrant peut être amené à aider des clients appelant d'Allemagne, d'Angleterre ou des États-Unis. Un seul coup de téléphone suffit parfois, mais il arrive que Vikrant doive s'impliquer davantage. « S'ils le souhaitent, lorsqu'il y a un problème dans leur système, je demande une connexion et j'interviens directement dans leur serveur. » La distance est sans importance : que le serveur du client se trouve à New York ou à New Delhi, cela ne fait aucune différence.

Bangalore est le siège de nombreuses sociétés spécialisées dans les services et l'ingénierie en informatique et dans les technologies de l'information. Ces entreprises, qui emploient de jeunes Indiens instruits comme Vikrant, se multiplient à tel point que certains prédisent que Bangalore remplacera la Silicon Valley dans quelques années. Vikrant est plus prudent : « L'Inde a encore beaucoup de retard à rattraper. »

Quoi qu'il en soit, une chose est sûre : comme d'autres pays en développement, l'Inde connaît une croissance rapide et elle a la capacité de remodeler l'économie mondiale. Selon une étude célèbre de la banque d'affaires américaine Goldman Sachs, le Brésil, la Russie, l'Inde et la Chine – les « BRICs » – feront partie des six plus grandes économies du monde d'ici à 2050, aux côtés des États-Unis et du Japon. Seul l'avenir dira si ces prévisions sont exactes, mais il y a au moins une certitude : l'économie mondiale est en train de changer. Il en a toujours été et il en sera toujours ainsi.

▶ L'essor de l'économie du savoir est une des tendances clés de l'économie mondiale – ce sera le premier point abordé dans ce chapitre. Nous verrons ensuite comment l'idée d'investir dans les personnes s'est imposée pour répondre au changement économique. Enfin, nous nous poserons deux questions intimement liées : quelles sont les implications que cela suppose en matière d'éducation et que signifie le fait d'apprendre tout au long de la vie pour les individus?

En quoi l'économie mondiale change-t-elle?

Le processus du changement économique a longtemps reposé sur l'élaboration de biens matériels plus efficaces : une charrue plus maniable, un rouet à filer plus performant ou un tracteur plus puissant. La forme concrète de ces biens revêtait une grande importance : une charrue était une charrue, un métier à tisser était un métier à tisser, et ainsi allait la vie.

De nos jours, une part importante de la croissance provient non plus des biens matériels, mais d'un élément moins tangible : l'information. Et la forme qu'emprunte cette information – disque dur d'un ordinateur, lecteur MP3 ou transmission par satellite – importe peu. Cela reste toujours un langage composé de 1 et de 0.

> **Les nouvelles technologies « transforment l'activité économique, comme l'avaient fait auparavant la machine à vapeur, le chemin de fer et l'électricité ».**
>
> *La nouvelle économie : mythe ou réalité?*

De la même façon, le lieu d'implantation d'un facteur de production – Manchester, Detroit ou Yokohama – jouait autrefois un rôle

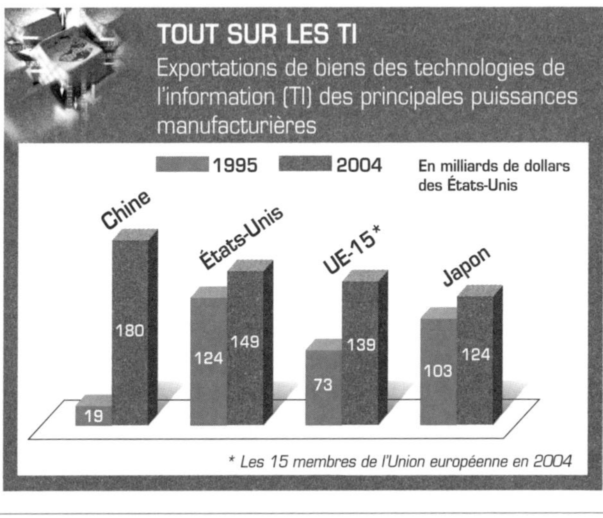

La Chine est devenue, devant les États-Unis, le premier exportateur mondial de biens des TI – ordinateurs, routeurs, etc. – , les outils essentiels de la nouvelle économie du savoir.

Source : OECD ITS database.

déterminant. Il était crucial qu'une usine se trouve au bon endroit, qu'elle soit accessible par bateau et par train et proche de ressources naturelles telles que le charbon. C'est de moins en moins vrai aujourd'hui. À condition que les personnes nécessaires soient là pour utiliser l'information et que les liaisons soient efficaces, il importe peu qu'on travaille à Boston, Beijing ou Bangalore.

Mais n'allons pas trop vite en besogne. Il va de soi que l'industrie repose aujourd'hui encore sur l'utilisation de matières premières telles que l'acier, le coton ou le pétrole. Et un agriculteur doit toujours planter ce qu'il cultive. L'industrie et l'agriculture ne sont pas près de disparaître, bien au contraire. Loin de diminuer, la demande pour ces produits augmente avec la croissance de la population mondiale et l'apparition, en Chine et en Inde, de nouvelles classes moyennes.

L'information n'a rien de révolutionnaire non plus. À l'époque des dinosaures, les abeilles échangeaient déjà, à travers un système complexe de danses, des informations permettant de localiser les fleurs riches en pollen. Par leurs cris et leurs gestes, nos ancêtres préhistoriques communiquaient eux aussi des informations lorsqu'ils chassaient des animaux plus gros et plus rapides que n'importe lequel d'entre eux. Et des fortunes sont nées de la vente d'information bien avant l'apparition des puces au silicium : en 1865, Paul Julius Reuter assura la renommée de son agence de presse naissante en répandant la nouvelle de l'assassinat du président américain Lincoln.

La nouveauté tient à la quantité prodigieuse et à l'omniprésence des informations que nous pouvons aujourd'hui produire, transmettre, traiter et stocker. Grâce aux progrès rapides de la puissance de calcul des ordinateurs et des technologies de communication telles que l'Internet, le coût de manipulation et de traitement des données ne cesse de décroître. La loi de Moore, selon laquelle le nombre des transistors sur une puce au silicium – et partant la performance des ordinateurs – double tous les 18 à 24 mois, se vérifie depuis plus de 40 ans. Cela signifie que les ordinateurs gagnent sans cesse en rapidité et peuvent contenir toujours plus d'informations. La vitesse de l'Internet s'accroît rapidement elle aussi : on est loin de l'époque où l'on attendait une ou deux minutes sans s'impatienter avant qu'une nouvelle page n'apparaisse à l'écran.

> **« La valeur du savoir [...] n'a cessé d'augmenter. C'est une forme de capital fondamentalement différente des autres. Plus il est plus abondant, plus il peut se développer facilement et de manière peu coûteuse, et son rendement est particulièrement avantageux. »**
>
> David Bloom, *La société créative du* XXIe *siècle*

Autre différence, l'importance des activités fondées sur l'information ne cesse d'augmenter, pour les économies nationales comme pour les entreprises individuelles. Les améliorations des technologies de l'information se font ressentir à toutes les étapes du cycle économique, de la gestion de l'approvisionnement des entrepôts au suivi des ventes. L'omniprésence des technologies de l'information saute aux yeux lorsqu'on lit le bilan des entreprises. Selon certaines estimations, les actifs traditionnels – pour l'essentiel les actifs physiques qui peuvent être vendus en cas de faillite de l'entreprise – ne représentent plus qu'un cinquième de la valeur des entreprises américaines. Le reste relève en grande partie d'éléments intangibles comme le savoir et l'information.

Non seulement l'économie du savoir modifie les activités économiques existantes, mais elle en crée aussi de nouvelles. Il

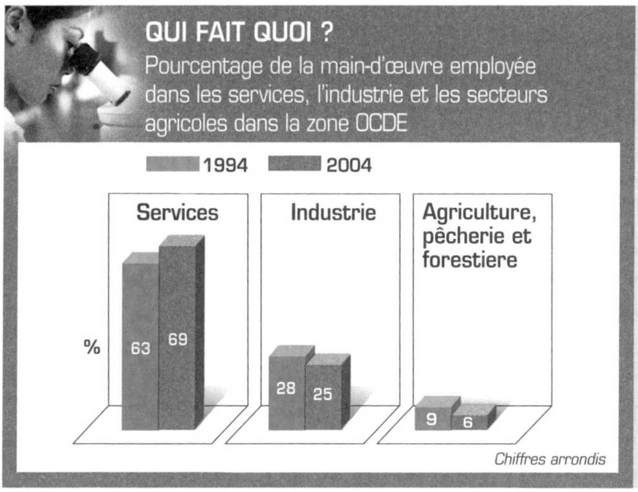

Dans les pays de l'OCDE, les secteurs d'activité traditionnels tels que l'industrie reculent au profit de secteurs qui ne créent pas de biens physiques, notamment les services et l'économie du savoir

Pour consulter les données portant sur les 30 pays de l'OCDE, utilisez le StatLink ci-dessous.

Source : L'OCDE en chiffres.

StatLink : *http://dx.doi.org/10.1787/808800743257*

suffit de penser aux alertes par messages texte (SMS) des téléphones mobiles ou aux moteurs de recherche tels que celui de Google, une entreprise dont le chiffre d'affaires a été multiplié par 17 en quatre ans pour atteindre 1.5 milliard de dollars en 2005. Mais il existe aussi des activités moins recommandables comme le « *gold farming* », littéralement la « récolte d'or », qui consiste à amasser, dans le cadre d'un jeu vidéo en ligne, le maximum d'argent virtuel et à l'échanger contre de l'argent réel, au lieu de l'utiliser pour acheter les objets virtuels – armes ou châteaux forts – disponibles dans le jeu en question. Cette pratique a entraîné, notamment en Chine, la multiplication de joueurs professionnels qui revendent le fruit de leurs efforts à des joueurs occidentaux moins opiniâtres.

Toutes ces activités impliquent la vente ou l'échange de savoir ou d'information. Si elles sont possibles, c'est bien sûr grâce à la puissance des ordinateurs et à la rapidité des connexions, mais surtout parce qu'il y a des individus qui possèdent les compétences et les connaissances nécessaires pour les transformer en croissance économique.

Les sources de la croissance

À quoi tient la croissance d'une économie? Nous sommes nombreux à ne nous être jamais posé cette question, et pour cause. Nous avons tous été témoins de récessions ou de ralentissements économiques, mais nous sommes bien peu, aujourd'hui, dans les pays développés à avoir connu une période durant laquelle l'économie ne croissait pas sur le long terme. Concrètement, cela signifie que la plupart d'entre nous gagnent plus que leurs parents et que nous nous attendons à ce que nos enfants gagnent plus que nous. La croissance économique semble inexorable, mais cela n'élucide pas son mystère.

Aucune loi ne permet en effet de prédire la croissance des économies. Elles peuvent rester atones, voire se contracter, pendant des décennies ou des siècles. Plus près de nous, le rythme de la croissance a considérablement varié selon les pays et les décennies. Durant les Trente Glorieuses qui ont suivi la Seconde Guerre mondiale, l'Europe occidentale a pratiquement comblé le fossé économique qui la séparait des États-Unis. Mais ce processus s'est interrompu au début des années 80 et l'Europe a commencé à prendre du retard sur les États-Unis. Aujourd'hui, la Chine connaît des taux de croissance élevés, environ 8 % par an, mais les différences sont considérables entre les villes côtières, modernes et dynamiques, et les villes isolées et poussiéreuses de l'Ouest.

Alors pourquoi la croissance est-elle plus forte dans certaines économies? Cette question est au cœur de la science économique et c'est précisément pour cette raison que la science économique est au cœur de la vie moderne. La plupart d'entre nous ne souhaitent-ils pas s'enrichir et voir leur pays faire de même, que ce soit par avidité pour les biens matériels ou parce que nous voulons créer un monde meilleur où chacun aurait accès à de bonnes écoles et à de bons hôpitaux?

Qu'est-ce que le capital humain?

Pour comprendre les causes de la croissance, nous devons d'abord nous pencher sur les conditions de l'activité économique. Traditionnellement, les spécialistes définissent « quatre facteurs de production ». Le premier facteur, la terre, va de soi : sans elle, il est impossible de cultiver ou de jeter les fondations d'une ferme ou d'une usine. Le facteur travail (la main-d'œuvre) est à l'évidence tout aussi indispensable. Le troisième facteur est le capital, c'est-à-dire les actifs, généralement l'argent, nécessaires pour construire une usine et acquérir les machines qui la feront fonctionner. Enfin, le quatrième facteur est l'« entreprise » – ce que John Maynard Keynes appelait les « esprits animaux » –, autrement dit l'esprit d'initiative qui permet de transformer une terre stérile en usine.

Revenons au facteur travail. À quelques exceptions près, les économistes envisageaient à l'origine les travailleurs comme une masse indistincte : pourvu qu'ils soient capables et désireux d'accomplir un travail physique, leurs savoirs et leurs compétences importaient peu. Adam Smith, un économiste écossais du XVIIIe siècle, était d'un autre avis : ce qui alimente l'activité économique, ce n'est pas la masse des travailleurs, mais « les talents utiles acquis par les habitants ou membres de la société ». Acquérir ces talents et ces compétences, ajoute-t-il, a un coût pour l'individu, mais une fois acquis, ils constituent « un capital fixé et réalisé pour ainsi dire dans sa personne ».

LES CHEMINS DE LA CROISSANCE

Croissance annuelle moyenne du PIB

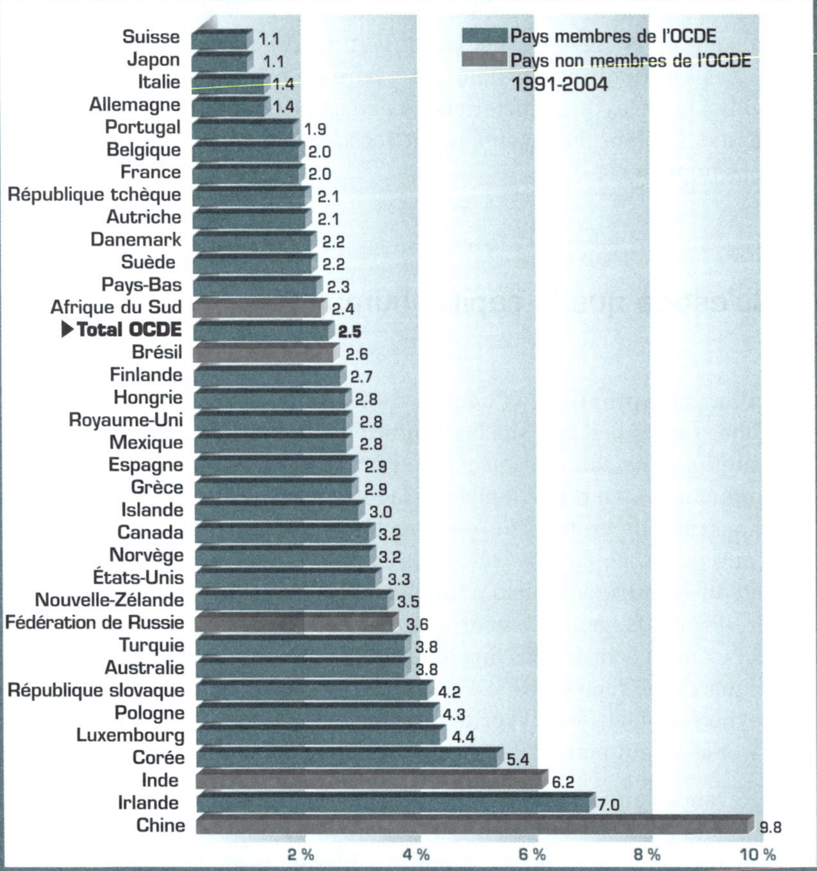

Depuis le milieu des années 90, les chemins de la croissance ont divergé dans la zone OCDE : les États-Unis se dont détachés des autres pays membres, à quelques exceptions près telles que la Corée et surtout l'Irlande. Mais même ces dernières sont distancées par la Chine, qui part toutefois d'un niveau économique beaucoup plus bas. Si la capacité de la Chine à poursuivre une croissance fulgurante dans les années à venir reste à prouver, nul doute qu'elle refaçonne déjà l'économie mondiale avec des pays comme l'Inde et la Fédération de Russie.

Pour consulter les données en format Excel®, utilisez le StatLink ci-dessous

Source : Panorama des statistiques de l'OCDE 2006.

StatLink : *http://dx.doi.org/10.1787/407730787542*

Les écrits de Smith influencent encore le monde dans lequel nous vivons. Les opposants aux accords sur le commerce mondial le considèrent comme l'ennemi public numéro un en raison de son soutien au libre-échange. Mais l'ironie du sort veut qu'il ait confortablement gagné sa vie en tant que commissaire des douanes pour l'Écosse. Selon Smith, les aptitudes des individus constituent une sorte de **capital** – un actif au même titre qu'un rouet à filer ou un moulin. Cette idée a mis du temps à s'imposer : elle a bien refait surface à plusieurs reprises, au tout début du XXe siècle, mais c'est seulement dans les années 60 que les économistes ont commencé à l'intégrer systématiquement dans leurs travaux.

Expliquer la croissance

Ce faisant, les économistes essayaient de comprendre l'énigme que constitue la croissance. Les analystes classiques, influencés par Smith, pensent que la réponse réside dans la « main invisible ». Selon Smith, dans une économie de marché, les individus recherchent leur intérêt personnel et utilisent les facteurs de production, les biens et les services de façon à obtenir le plus grand rendement possible. Ces efforts individuels se conjuguent à grande échelle pour agir comme une main invisible qui distribue les ressources économiques vers leur usage le plus productif.

Les « modèles économiques », conçus par des économistes contemporains tels que Robert Solow dans les années 50, permettent d'apporter des réponses plus fines et d'expliquer les relations entre les divers facteurs de croissance, par exemple entre le travail et le capital physique. À l'origine, ces modèles n'accordaient pas une grande importance à l'impact du niveau d'éducation ou de la qualité du travail sur la croissance économique. Mais les choses ont peu à peu changé et, depuis le début des années 60, on s'accorde de plus en plus sur le rôle crucial que les individus jouent dans la croissance économique en raison de leurs talents, de leurs connaissances et de leurs compétences – autrement dit du **capital humain**.

Comme pour de nombreuses idées fondamentales, il est difficile d'attribuer la notion de capital humain à un seul auteur. L'économiste américain Theodore Schultz est cependant l'un des premiers à l'avoir exposée. Dans un article publié en 1961, il observe que les économistes admettent depuis longtemps la part importante qui revient aux individus dans la richesse des nations. Nul ne le contesterait : après tout, les économistes ont toujours considéré le travail comme un des facteurs de la création de richesse économique.

Mais ce qu'ils sont moins disposés à reconnaître, poursuit Schultz, c'est que les individus investissent consciemment dans leur personne pour améliorer leurs rendements économiques propres. Si quelqu'un étudie la médecine, ce n'est pas seulement dans le but de soigner les gens, c'est aussi parce que les médecins gagnent plus que les balayeurs; et si un manager se forme à un nouveau système d'inventaire pour mettre à jour ses connaissances professionnelles, c'est également dans l'idée d'être promu et d'obtenir une augmentation de salaire.

Le capital humain. **Selon la définition de l'OCDE, le capital humain recouvre les connaissances, les qualifications, les compétences et les autres qualités d'un individu qui favorisent le bien-être personnel, social et économique.**

Ces exemples ne sont pas de Schultz, mais l'idée qui les sous-tend traduit bien sa pensée : l'investissement que les individus consacrent à leur personne, le plus souvent en améliorant leur niveau d'éducation, leur procure des bénéfices réels en matière de revenus et de bien-être personnels. De surcroît, affirme Schultz, il existe un lien entre la qualité du capital humain – niveaux d'éducation et de santé – et la croissance économique. Pour résumer, selon Schultz et d'autres économistes, dans une économie moderne, la croissance repose sur l'existence d'une population active ayant un bon niveau d'éducation.

Valoriser l'éducation

Le capital humain – la « qualité » de la population active – n'est pas le seul facteur qui détermine la croissance économique. On relève en effet des rythmes de croissance très différents dans des pays où les niveaux de scolarité sont globalement similaires. Il existe donc d'autres explications, telles que la démographie (en particulier le ratio jeunes/vieux), l'innovation technologique, l'ouverture au commerce extérieur et les systèmes politique et législatif du pays.

Le rôle du capital humain dans la croissance économique est cependant important – il remonte au XIXe siècle et à l'essor de l'enseignement de masse. Mais la relation entre capital humain et croissance n'a rien d'univoque : elle repose plutôt sur des effets réciproques. L'enseignement permet aux individus d'exercer des emplois plus complexes et mieux rémunérés et, simultanément, l'existence de tels emplois les incite à poursuivre leurs études. Les heures ainsi passées à étudier sans être rémunéré se traduiront finalement par un emploi qui récompense ces efforts.

> **« ... est-ce l'éducation qui stimule la croissance ou la croissance qui incite les individus à "consommer" plus d'éducation? Dans les faits, il est probable que la causalité joue dans les deux sens. »**
>
> *Regards sur l'éducation*, 2005

De la même façon, les pays qui ont des niveaux d'éducation élevés tendent à s'enrichir et peuvent ainsi dépenser davantage pour accroître l'éducation. Cela rappelle l'histoire de l'œuf et de la poule, mais probablement en apparence seulement. En effet, il est historiquement avéré, dans des pays comme l'Allemagne et les États-Unis, que l'apparition de l'enseignement de masse à la fin du XIXe siècle précède la période de forte croissance économique qui a suivi. (Ironiquement, la volonté de stimuler la croissance économique figurait à peine parmi toutes les raisons invoquées, à l'origine, en faveur de l'enseignement de masse.) Plus récemment, les Tigres asiatiques – Singapour, la Corée et Taiwan – avaient tous atteint des niveaux de littératie relativement élevés avant que leur croissance ne s'emballe dans les années 80 et au début des années 90.

Si l'existence d'une main-d'œuvre instruite favorise la croissance économique, son absence constitue à l'inverse un goulet d'étranglement. Selon les dirigeants d'entreprises indiennes spécialisées dans les technologies de l'information, l'Inde souffre d'un manque de diplômés suffisamment qualifiés, malgré une population qui avoisine un milliard de personnes. Et d'après une association nationale d'employeurs, ce secteur d'activité, qui représente aujourd'hui 350 000 emplois en Inde, devrait faire face à une pénurie de 206 000 individus en 2009. Le manque de personnel ayant des qualifications suffisantes constitue un obstacle à la croissance et exerce une pression à la hausse sur les salaires des travailleurs actuels.

De façon plus générale, les niveaux d'éducation sont bien plus faibles en Inde que dans un pays comme la Chine. Selon l'Unesco, seuls 61 % des adultes savent lire en Inde, contre plus de 90 % en Chine. C'est l'une des raisons couramment avancées pour expliquer le rythme plus soutenu de la croissance en Chine depuis le début des années 90.

Les bénéfices de l'éducation

Il y a deux façons d'envisager les bénéfices du capital humain : du point de vue de l'individu et du point de vue de l'économie nationale.

Les individus doivent comparer ces bénéfices, par exemple, des revenus plus élevés, avec les coûts initiaux d'acquisition de leur capital humain. Ces coûts comprennent les revenus dont ils se sont privés lorsqu'ils étudiaient, ainsi que le prix de leurs études, notamment les droits de scolarité, dans le secondaire comme à l'université, qui sont élevés dans certains pays. Les familles doivent parfois se saigner aux quatre veines pour envoyer leur enfant à l'université, et il arrive que les diplômés remboursent leur prêt étudiant plusieurs années encore après être entrés dans la vie active.

EN ROUTE POUR L'ÉCOLE

Augmentation du nombre moyen d'années de scolarité par adulte aux États-Unis, en France, aux Pays-Bas et au Japon

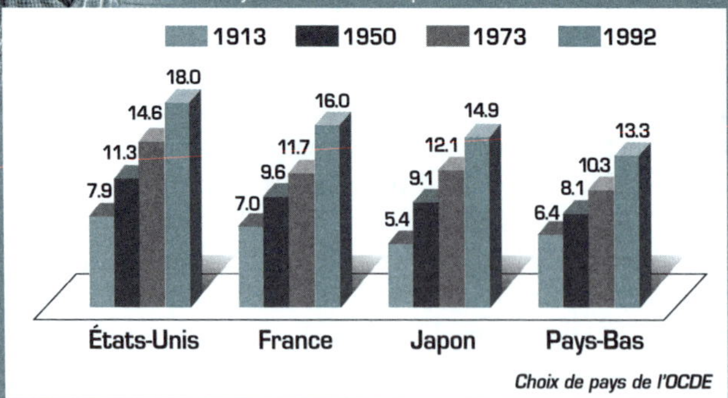

Le nombre d'étudiants a augmenté dans beaucoup de pays depuis un siècle. Selon l'UNESCO, il y a aujourd'hui environ 100 millions d'étudiants dans le monde, contre seulement 500 000 en 1900.

Source : L'économie mondiale 1820-1992.

POINT DE VUE Gary Becker

Qu'est-ce qui cloche avec le capital humain?

La notion de capital humain a toujours été controversée, comme le reconnaît Theodore Schultz, un pionnier dans ce domaine : « Nos valeurs et nos croyances nous empêchent de considérer les êtres humains comme des biens d'équipement, sauf dans le cas de l'esclavage que nous abhorrons », écrivait-il au début des années 60.

Près de 50 ans plus tard, l'idée de capital humain ne fait toujours pas l'unanimité. En premier lieu, soutiennent ses détracteurs, en assimilant l'éducation et la santé à des formes de capital, les économistes s'immiscent dans ce qu'ils considèrent eux-mêmes comme des questions sociales. En second lieu, le lien de causalité n'est pas évident : est-ce le développement de l'éducation qui rend les sociétés prospères ou la prospérité qui permet le développement de l'éducation?

En outre, des questions telles que la « diplômanie » amènent à se demander si les employeurs versent aux gens des salaires plus élevés parce qu'ils ont de bonnes références scolaires, par exemple un diplôme universitaire, plutôt que parce qu'ils possèdent une expertise sans équivalent qui peut améliorer la productivité de l'entreprise.

Pour examiner ces questions, nous avons rencontré le professeur **Gary S. Becker**, prix Nobel d'économie 1992 et auteur du *Capital humain*, un ouvrage majeur publié en 1964.

Qu'est-ce qui vient en premier : la croissance économique ou le développement de l'éducation?

« La question n'est pas nouvelle, mais elle est intéressante. On peut essayer d'y répondre de plusieurs façons. Observez les divers développements de l'éducation dus à des changements de politique, puis voyez les conséquences qui en résultent sur la croissance économique. Je suis convaincu qu'il existe une *forte* relation de cause à effet entre les améliorations de l'éducation ou du capital humain, et la croissance économique. Mais ça marche aussi dans l'autre sens : la croissance économique a aussi des effets sur le développement de l'éducation. »

Le concept de capital humain ne revient-il pas à traiter les individus comme des machines?

« Absolument pas. Cette notion ne déshumanise pas les individus. On peut du reste y recourir pour *aborder* toutes sortes de questions, non seulement l'effet de l'éducation sur les salaires, mais aussi sur la santé, la formation des familles et ainsi de suite. Ce concept a été très controversé, même parmi les économistes, mais je pense qu'aujourd'hui, dans la plupart des pays, personne ne peut se présenter à une élection sans parler ou débattre de l'importance du capital humain pour le pays. »

Qu'en est-il de la « diplômanie »?

« C'est une vieille critique... Mais si on s'en tient à ce phénomène, vous ne constaterez pas d'effet notable sur le *niveau* du PIB lorsque vous passez des revenus individuels aux agrégats. Je ne pense pas que les effets de la "diplômanie" soient nuls, mais ce n'est pas l'explication essentielle des rendements plus importants de l'éducation. »

POINT DE VUE Gary Becker

Si vos parents ont un bon niveau d'éducation, vous avez plus de chances d'avoir vous-même un bon niveau d'éducation que si vous venez d'une famille pauvre. Est-ce une question importante?

« Très importante. À mon sens, la politique sociale devrait donner aux enfants venant de milieux défavorisés et peu *éduqués* la possibilité de poursuivre leurs études en fonction de leurs capacités. Le problème est délicat, car il repose en partie sur la structure de la famille. Mais je pense que le minimum est de donner, dès le plus jeune âge, à ceux qui sont en mesure d'en bénéficier une éducation d'une meilleure qualité, pour leur permettre d'achever leurs études secondaires et d'accéder à l'enseignement supérieur s'ils en ont les capacités. »

Les gouvernements doivent-ils dépenser davantage pour l'éducation?

« Oui, mais il s'agit aussi de mieux dépenser. Je crois aux chèques-éducation et à la concurrence dans le système éducatif. La *question* est de savoir si les dépenses sont efficaces et je crois que de vraies questions se posent sur la façon d'améliorer l'efficacité de ces dépenses, afin de parvenir à dépenser moins d'argent tout en obtenant plus de résultats. »

> **« Dans tous les pays, les titulaires d'un diplôme tertiaire gagnent sensiblement plus que ceux qui n'ont qu'un diplôme de fin d'études secondaires ou postsecondaires non tertiaires. »**
>
> *Regards sur l'éducation*, 2006

Cet investissement finit habituellement par être rentabilisé. On peut du reste tirer des bénéfices économiques de l'éducation sans même suivre des études supérieures. Ainsi, un individu a plus de chances de trouver un emploi s'il achève sa scolarité secondaire que s'il s'arrête en fin de collège (il quitte l'école à environ 18 ans dans le premier cas, et à 15 ou 16 ans dans le second). Et les taux d'emploi sont encore plus élevés chez les diplômés de l'enseignement supérieur.

Et en matière de revenus, plus on a un niveau de scolarité élevé, mieux on s'en sort. Cela vaut dans toute la zone OCDE. En Norvège, par exemple, les diplômés de l'université reçoivent une prime correspondant à 26 % de leur salaire, dont ne bénéficient pas ceux qui ont seulement fini leurs études secondaires ; la prime atteint même 117 % en Hongrie.

À quoi correspondent ces revenus plus importants ? En un mot, à la productivité. Dans son usage courant, ce mot peut avoir un

QUI EST AU CHÔMAGE ?

Pourcentage de personnes au chômage selon le niveau d'éducation dans la zone OCDE

Personnes âgées entre 25 et 64 ans, 2004

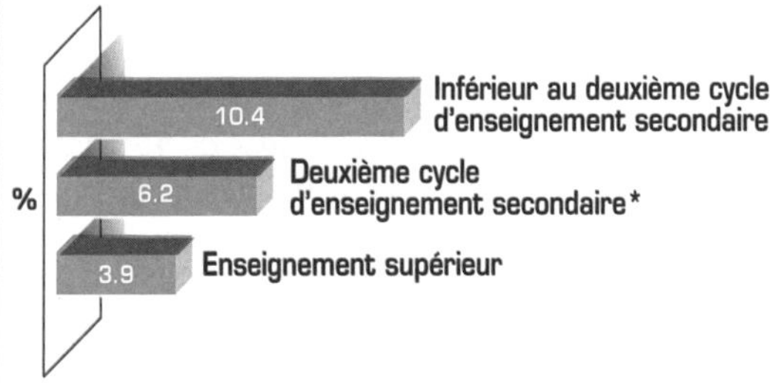

** Dont enseignement post-secondaire professionnel*

Plus on est diplômé, plus le risque de chômage décroît, parfois de façon spectaculaire. En République tchèque, le taux de chômage est de 23 % chez les personnes qui n'ont pas achevé le secondaire, contre seulement 2 % chez les diplômés de l'université.

Pour consulter les données portant sur les 30 pays de l'OCDE, utilisez le StatLink ci-dessous.

Source : Regards sur l'éducation, 2006. StatLink : *http://dx.doi.org/10.1787/027058368567*

sens presque moralisateur. Dire d'un collègue qu'il est peu productif est parfois une façon polie de dire qu'il ne fait pas sa part du travail. La productivité a un tout autre sens dans la bouche des économistes.

Pour simplifier quelque peu, la productivité représente la valeur économique de ce que produit une personne, une terre ou toute forme de capital. Et cette productivité supplémentaire contribue aussi à stimuler la croissance, ce qui nous amène aux bénéfices économiques plus larges de l'amélioration du capital humain. Même si les économistes reconnaissent depuis longtemps l'existence d'un lien entre éducation et croissance, il est difficile de calculer l'ampleur de cet impact sur l'économie. Après tout, le capital humain a beau être un facteur important de la croissance, c'est un facteur parmi d'autres. Un consensus apparaît néanmoins sur le fait que le lien entre capital humain et croissance est à la fois réel et significatif. Certaines données de l'OCDE vont du reste dans ce sens : si le temps moyen que chaque personne consacre à l'éducation augmente d'un an, le produit économique du pays par habitant devrait augmenter, sur le long terme, dans une fourchette comprise entre 4 et 6 %.

ÉCHELLE DE SALAIRES

Ce que gagnent les diplômés selon leur niveau d'éducation

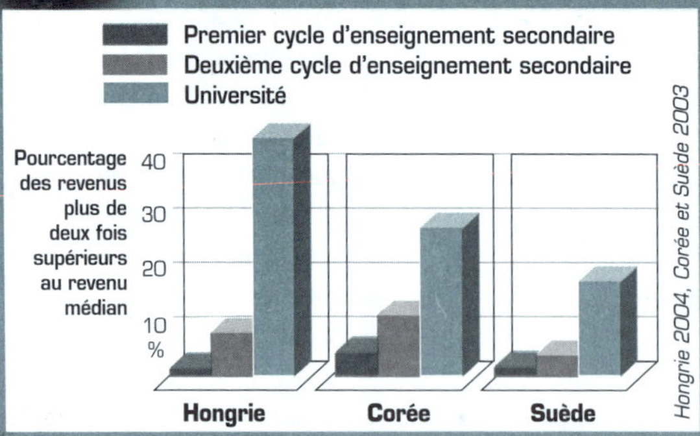

Les revenus des diplômés de l'université sont supérieurs à la moyenne. De la même façon, les personnes qui terminent le deuxième cycle de l'enseignement secondaire (elles quittent l'école vers de 18 ans) gagnent plus que celles qui abandonnent l'école plus tôt.

Pour consulter les données portant sur les 30 pays de l'OCDE, utilisez le StatLink ci-dessous.

Source : Regards sur l'éducation, 2006.

StatLink : *http://dx.doi.org/10.1787/215474611731*

Des bénéfices plus larges

Si le capital humain contribue à la croissance économique, il procure aussi d'autres bénéfices aux individus. Plus une personne a un niveau de scolarité élevé, plus elle est susceptible de faire du bénévolat pour des associations, par exemple, des associations de femmes ou de parents d'élèves et de professeurs, et moins elle risque de finir en prison. De plus, sa santé a toutes les chances d'être meilleure : elle fume moins (pour une femme moyenne, 1.1 fois moins de cigarettes par jour par année supplémentaire de scolarité) et fait plus d'exercice (17 minutes d'exercice de plus par semaine par année supplémentaire de scolarité).

> **« Nombreux sont ceux qui considèrent que le rendement non économique de la formation, sous forme d'une amélioration du bien-être individuel et de la cohésion sociale, est aussi important que son effet sur les revenus du travail et sur la croissance économique. »**
>
> *Du bien-être des nations*

Jouir d'une bonne santé peut même être considéré comme une composante du capital humain, quoique l'investissement dans la santé emprunte d'autres formes.

Quels sont les défis en matière d'éducation?

L'éducation progresse sans interruption, dans les pays de l'OCDE comme ailleurs – la plupart d'entre nous ont toujours connu cette tendance. Dans de nombreux pays de l'OCDE, sinon dans la plupart d'entre eux, cela fait au moins un siècle que l'enseignement primaire de base est offert à l'ensemble des citoyens. L'enseignement secondaire de masse remonte à une cinquantaine d'années et l'accès à l'université s'est démocratisé de façon spectaculaire, depuis les années 70 et 80, dans l'essentiel de la zone OCDE.

Cette évolution tient à plusieurs raisons. Tout d'abord, il est nécessaire que la population active soit de plus en plus qualifiée pour répondre aux besoins de l'économie. Ensuite, la structure économique des pays de l'OCDE a changé, réduisant les opportunités d'emploi pour les jeunes dans le secteur industriel et dans les activités liées au commerce. On pourrait dire que l'éducation a, dans une certaine mesure, empêché les jeunes de se retrouver sur le pavé. Pour être moins cynique, on sait depuis l'Antiquité que les bénéfices de l'éducation sont bien plus vastes. Elle donne aux individus une instruction qui correspond à la société dans laquelle ils vivent et peut aussi leur ouvrir l'esprit à d'autres façons de penser. Comme l'écrit le poète W. B. Yeats : « Éduquer, ce n'est pas remplir un vase mais allumer un feu. »

> **« Durant les deux siècles qui ont suivi la première révolution industrielle, il a fallu adapter le deuxième cycle d'éducation secondaire à une succession de changements touchant la société et les économies nationales. »**
>
> *Completing the Foundation for Lifelong Learning*

Quelles que soient les raisons de son expansion, l'éducation absorbe aujourd'hui une part notable des dépenses des pays de l'OCDE – 6.3 % du PIB de la zone OCDE. Mais les différences sont importantes selon les pays : l'Islande y consacre près de 8 % de son PIB, contre à peine plus de 3.5 % pour la Turquie. Et le budget que chaque pays voue en moyenne à un élève varie également beaucoup tout au long de la scolarité, des bacs à sable du jardin d'enfant aux bancs de l'université. En moyenne, les pays de l'OCDE déboursent annuellement 5 055 USD par élève du primaire, 6 939 USD par élève du secondaire et 12 208 USD par étudiant. Là encore, les moyennes masquent de grandes différences entre les pays.

Ces dépenses considérables suscitent des débats passionnés. Quel but assigner à l'éducation? Comment la financer? Qui devrait en bénéficier? Et ces débats sont aussi naturels que nécessaires. Ce que nous apprenons et la façon dont nous l'apprenons façonne en effet les individus que nous sommes et les sociétés dans lesquelles nous vivons. L'éducation stimule le changement et, alternativement, y répond, qu'il soit d'ordre social, économique ou culturel. En d'autres termes, les décisions que nous prenons aujourd'hui en matière d'éducation influeront sur nos vies et sur celles de nos enfants pendant des décennies.

Ces choix seront tout particulièrement déterminants pour les jeunes issus de milieux défavorisés. En raison des bénéfices économiques que procure l'expansion de l'éducation, nous devons nous demander comment l'éducation peut donner à *tous* les enfants les moyens de tirer le meilleur parti de leurs talents et de leurs capacités. Les sociétés qui ne relèveront pas ce défi deviendront de plus en plus polarisées et excluront des communautés entières des bénéfices économiques et sociaux de la mondialisation et de l'économie du savoir.

Rien d'étonnant, donc, que l'éducation soit une composante essentielle des travaux de l'OCDE. Dans les trois prochains chapitres, nous nous pencherons sur de nombreuses questions qui sont au cœur de la problématique de l'apprentissage et de l'éducation – entre autres, comment donner aux enfants le meilleur départ possible dans la vie et comment réduire l'impact de la pauvreté –, tout en analysant certaines des solutions auxquelles s'intéressent plus particulièrement les décideurs publics et l'OCDE.

Pour en savoir plus

➤ Les sources de la croissance économique dans les pays de l'OCDE *(2003)*
Depuis les années 90, l'évolution de la croissance n'a cessé de balayer les idées reçues. Durant la majeure partie de l'après-guerre, ce sont les pays de l'OCDE les plus pauvres qui ont connu la croissance la plus rapide. Ce schéma est toutefois devenu obsolète à la fin des années 90, lorsque les États-Unis se sont nettement détachés des autres pays. Pourquoi la croissance a-t-elle à ce point divergé dans les pays de l'OCDE? Jusqu'à quel point est-ce attribuable aux nouvelles technologies et à la recherche-développement? Le chômage, la flexibilité du marché du travail et la concurrence sur les marchés de produits jouent-ils un rôle important? Cette publication donne un aperçu complet des moteurs de la croissance dans la zone OCDE, dans le droit fil de *La nouvelle économie : mythe ou réalité* (2001), ouvrage également publié dans le cadre du Projet de l'OCDE sur la croissance.

➤ La société créative du XXIe siècle *(2000)*
Comment rendre les sociétés de demain plus créatives en tirant parti de la diversité sociale croissante? Trois forces puissantes concourent à façonner les fondements de la société future : cette diversité sociale accrue, le profond bouleversement des systèmes économiques sous-jacents et la rapidité de l'intégration à l'échelle mondiale. La question est de savoir si ces trois forces se conjugueront de manière constructive pour mener au progrès social, ou bien s'il faut envisager un autre scénario ouvrant des perspectives plus sombres. La diversité croissante, dont on ne peut que se féliciter, signifie-t-elle que nous nous orientons vers davantage d'inégalités entre les populations de la planète? L'accès au nouveau savoir et aux technologies avancées, et l'usage qu'on peut en faire permettront-ils d'atténuer les différences ou, au contraire, les accentueront-ils? Quelles mesures peut-on prendre pour que la différenciation croissante, au sein d'une même société et entre les sociétés, favorise le développement de la créativité au lieu de créer des tensions? Cet ouvrage pose sur l'évolution du monde actuel quelques questions délicates. Il fait le point sur les occasions que les pouvoirs publics doivent impérativement saisir pour jeter les bases d'une société durable pour le XXIe siècle.

➤ L'économie mondiale : une perspective millénaire, Angus Maddison *(2004)*
Angus Maddison présente un panorama complet de la croissance et des niveaux de la population mondiale depuis l'an mil. La population mondiale a depuis lors été multipliée par 22, le PNB par habitant par 13 et le PNB mondial par presque 300. Les gains les plus importants ont eu lieu dans les pays aujourd'hui riches (Europe occidentale, Amérique du Nord, Australie et Japon). Alors que ces pays étaient plus pauvres que l'Asie et l'Afrique en l'an mil, l'écart entre les États-Unis et la région la plus pauvre – l'Afrique – est à présent de 20 pour 1. Cet ouvrage répond à plusieurs objectifs : chiffrer la performance économique des nations sur le très long terme; identifier les facteurs qui expliquent la réussite des pays riches et comprendre les obstacles rencontrés par les pays qui n'ont pas connu la même progression; analyser l'interaction entre les nations riches et les autres pour évaluer ce qui relève de l'exploitation dans cette relation.

Pour en savoir plus

Sont également mentionnés dans ce chapitre :

- Regards sur l'éducation : Les indicateurs de l'OCDE – *Édition 2006*
- Du bien-être des nations : Le rôle du capital humain et social *(2001)*
- Completing the Foundation for Lifelong Learning: An OECD Survey of Upper Secondary Schools *(2004)*

3

Élever les enfants était autrefois l'affaire des familles et de leurs proches. Mais l'entrée massive des femmes sur le marché du travail a changé la donne : s'occuper des jeunes enfants est désormais une responsabilité collective. D'où l'importance de mettre en place des politiques qui accompagnent les premiers pas des enfants dans le vaste monde.

Premiers pas

En guise de préambule...

Depuis peu, les choses ont changé à San Nicolás de los Ranchos. Il n'y a pas si longtemps, Beatriz Tlatenco Sandre, la couturière de ce village mexicain, consacrait beaucoup de temps à confectionner des linceuls pour les enfants. « Je les revêtais de la tenue du saint choisi par leurs parents », explique-t-elle à un journaliste. Selon une tradition locale, c'est une façon de protéger les enfants dans l'autre vie.

Aujourd'hui, Beatriz continue d'habiller les enfants, mais la plupart d'entre eux sont bien vivants. Selon elle, c'est en grande partie dû à *Oportunidades*, un programme d'aide de l'État spécialement destiné aux familles les plus pauvres et dont bénéficie le village.

Même si la subvention est modeste, elle suffit à changer la vie des enfants. D'autant que l'argent n'est accordé que si des conditions strictes sont remplies. Ainsi Beatriz est tenue d'emmener régulièrement ses enfants au centre médical et elle doit assister tous les mois à une conférence sur la santé. « Nous devons y aller », explique-t-elle, « sinon nous recevons un blâme ». De la même façon, elle continuera à recevoir une aide en matière de dépenses scolaires aussi longtemps que ses enfants iront à l'école.

Si des programmes comme *Oportunidades* ciblent l'éducation et la santé des enfants, c'est parce que les premières années de la vie sont déterminantes pour le développement de la personne et l'acquisition du capital humain. L'idée est si évidente qu'elle semble aller de soi. Pourtant, à travers le monde, les handicaps et la pauvreté privent encore de nombreux enfants de ces bases essentielles.

Comment garantir de telles bases aux enfants? Comment s'assurer qu'ils acquièrent lors de la prime enfance les fondations de leur développement futur? Nous aborderons en premier lieu certains défis auxquels sont confrontés les enfants et les familles, en particulier la nécessité pour les familles où les deux parents travaillent de bien s'occuper des enfants. Nous examinerons ensuite le rôle que peuvent jouer les politiques gouvernementales et, enfin, ce que les enfants peuvent retirer d'une éducation préscolaire bien planifiée.

Quels défis doivent relever les enfants et les familles?

Les enfants commencent à développer leur capital humain bien avant d'être scolarisés. Tous les parents le savent : les tout-petits apprennent constamment, qu'il s'agisse de parler, de marcher ou d'interagir avec les autres. Même si c'est moins visible, ils construisent également très tôt leur image personnelle, leur mode de relation au monde et leur confiance en soi, des acquis précieux pour le reste de leur vie.

Sauf maladie ou handicap, tous les enfants passent par le même processus, mais ils ne le font pas toujours de la même façon. Des facteurs extérieurs comme la pauvreté peuvent avoir un impact considérable sur leur développement. Et c'est ce qui est préoccupant car la pauvreté infantile s'accroît dans une bonne partie du monde développé.

Dans la zone OCDE, les enfants constituent le segment de la société le plus exposé au risque de pauvreté. Dans les pays de l'OCDE, environ 12 % des enfants sont tombés sous le seuil de la pauvreté au début des années 2000, soit une légère hausse par rapport aux années 90. Les chiffres varient cependant considérablement selon les pays : on estime que seulement 4 % environ des enfants sont concernés dans les pays nordiques, contre plus de 20 % aux États-Unis, au Mexique et en Turquie.

Être touché par la pauvreté aussi tôt affecte les individus tout au long de leur vie et les empêche durablement de développer tous leurs talents et leurs capacités. Les enfants issus de familles défavorisées ont ainsi moins de chances d'achever leur enseignement secondaire et des chances encore plus faibles d'aller à l'université. En France, par exemple, au sein des 20 % de familles les plus

> **« ... l'incapacité à réduire la pauvreté qui menace des millions de familles et leurs enfants n'est pas seulement socialement répréhensible, elle risque aussi de sérieusement compromettre notre capacité à garantir la croissance économique pendant les années à venir. »**
>
> *Accroître les chances de chacun*

pauvres, plus de 60 % des enfants redoublent au moins une fois au cours de leur scolarité, contre moins de 20 % pour ceux issus des 20 % de familles les plus riches.

Investir dans les enfants

Investir dans la santé et l'éducation des enfants – leur capital humain – crée des bénéfices durables pour plusieurs raisons. Tout d'abord, leur capacité à apprendre est exceptionnelle durant leurs premières années. La plupart des enfants assimilent l'essentiel d'une langue avant l'âge de 2 ans – quiconque apprend une langue étrangère une fois adulte sait ce que représente un tel exploit. Et les jeunes enfants ont aussi le potentiel de développer des aptitudes sociales cruciales qu'ils conserveront tout le reste de leur vie.

Investir aussi précocement est également sensé d'un point de vue économique. Selon le prix Nobel James Heckman, c'est lorsque l'investissement dans l'éducation est effectué au cours de la petite enfance qu'il a les rendements les plus élevés. Mais il y a aussi des bénéfices sociaux. Comme le montre une étude américaine, en offrant un soutien renforcé aux enfants de moins de 5 ans issus de milieux défavorisés, on réduit jusqu'à 70 % leurs taux de criminalité et de mise en liberté surveillée à l'âge de 15 ans.

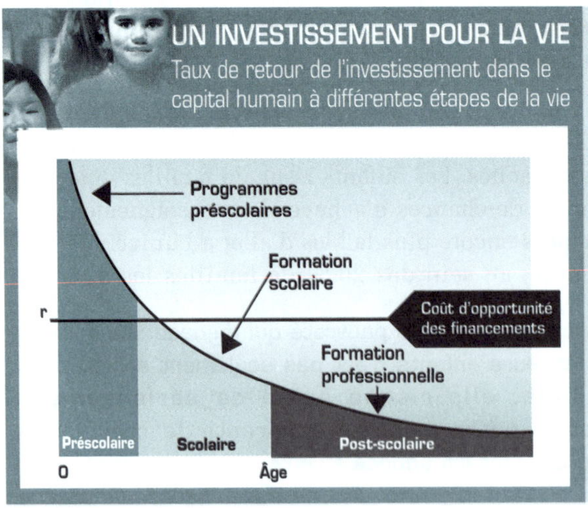

Selon le prix Nobel James Heckman, les taux de retour des investissements sont plus élevés lorsqu'ils sont consacrés aux enfants d'âge préscolaire qu'à toute autre étape de la vie. Pourquoi ? Premièrement, le plus tôt cet investissement nous est consacré, le plus longtemps nous pouvons bénéficier des retours sur investissement. Deuxièmement, plus nous apprenons tôt, plus il nous est facile de continuer à apprendre tout au long de notre vie, ce qui accroît notre capital humain et donc nos revenus.

Source : Petite enfance, grands défis II.

Malgré ces bénéfices, les gouvernements ne dépensent pas toujours autant qu'ils le devraient pour les enfants d'âge préscolaire. Cependant, ils interviennent incontestablement de plus en plus, à la fois en matière de soins de base et de développement cognitif, domaines que nous regrouperons sous l'appellation « soins et éducation ». Il s'agit là d'une question aujourd'hui d'intérêt général en raison du nombre croissant de femmes sur le marché du travail. D'où la question qui se pose désormais à nos sociétés : qui va s'occuper des enfants?

> **« Dans de nombreux pays, la garde des jeunes enfants passe du domaine privé au domaine public, une grande attention étant accordée aux rôles complémentaires des familles et des institutions d'éducation et d'accueil des jeunes enfants. »**
>
> *Petite enfance, grands défis I*

Les mères actives

Depuis les années 60, les femmes constituent une part sans cesse croissante de la population active dans de nombreux pays. Cette tendance s'est poursuivie au cours de la dernière décennie, avec des percées importantes sur le marché du travail de pays comme

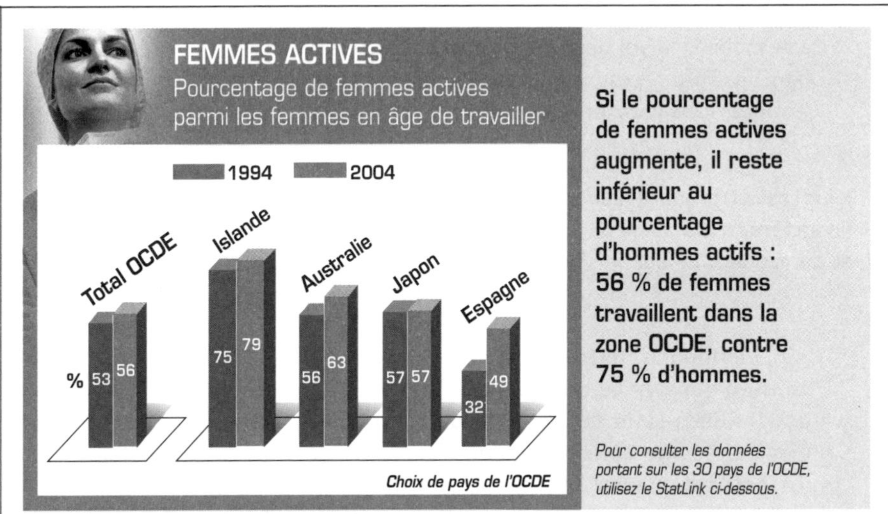

Source : Panorama des statistiques de l'OCDE 2006. StatLink : *http://dx.doi.org/10.1787/018572032600*

l'Espagne, où un peu moins de 50 % des femmes étaient actives en 2004 contre moins d'un tiers en 1994.

Ce changement s'est amorcé, dans une large mesure, sous l'impulsion des femmes elles-mêmes, qui ont dû surmonter des résistances considérables pour occuper des emplois à plein-temps. À l'heure actuelle, les gouvernements de nombreux pays les encouragent vivement à entrer sur le marché du travail, que ce soit dans le but d'assurer l'égalité entre hommes et femmes ou, de façon moins directe, parce que cela permet de mieux s'attaquer à un large éventail de problèmes sociaux et économiques tels que... la pauvreté des enfants.

Les enfants et la pauvreté

Un enfant connaît trois fois plus de risques d'être touché par la pauvreté si l'un de ses parents travaille plutôt que les deux, et le risque est encore plus grand s'il vit dans une famille monoparentale privée de travail. C'est une des raisons qui incitent certains gouvernements, surtout dans les pays anglophones, à mettre un accent particulier sur le retour à l'emploi des parents, et spécialement des parents isolés.

En moyenne, lorsque le taux d'emploi des mères augmente de 12 %, le taux de pauvreté des enfants diminue de 10 %, même s'il y a des différences considérables selon les pays. Le fait d'aller travailler entraîne également un plus grand sentiment d'appartenance à la société, ce qui peut se traduire par des bénéfices sociaux pour la famille. Enfin, réduire la pauvreté au cours de la petite enfance aide les individus à développer leur capital humain tout au long de leur vie.

> **« Le travail procure aux individus non seulement la sécurité financière, mais aussi un sentiment d'identité, d'appartenance et de respect de soi. »**
>
> *Accroître les chances de chacun*

À l'évidence, le travail ne résout pas tous les problèmes des familles qui sont au bas de l'échelle sociale. Dans certains pays tels que les États-Unis, le taux de pauvreté des enfants est relativement élevé – plus de 20 % –, bien que beaucoup de parents isolés aient un emploi. Parmi les nombreux facteurs à l'origine de ce phénomène, le plus important est que la plupart des parents isolés sont des femmes. Or, celles-ci sont plus susceptibles que les hommes d'être cantonnées à un travail à temps partiel ou soumis aux trois-huit. De tels emplois sont souvent mal rémunérés et offrent peu d'avantages (régime de retraite ou assurance-maladie) qui inciteraient à les conserver.

De nombreux pays ont instauré un salaire minimum (ainsi que des prestations sociales destinées aux personnes employées au salaire minimum) afin d'aider les personnes qui ont un emploi peu rémunéré. Mais le niveau du salaire minimum fait souvent l'objet de controverses : s'il est trop élevé, les employeurs se plaignent de ne pas pouvoir embaucher autant qu'ils le voudraient; s'il est trop bas, les syndicats estiment que les travailleurs sont exploités. Les gouvernements doivent donc trouver le juste équilibre permettant le retour sur le marché du travail de plus de parents isolés.

Accroître la population active

Un autre facteur incite les gouvernements à attirer les femmes sur le marché du travail : la démographie. En effet, alors que la population mondiale a doublé depuis le début des années 60, certains pays voient, ou verront bientôt, leur population diminuer de façon significative.

Dans la plupart des pays développés, les femmes ont moins d'enfants que par le passé. Selon les démographes, il faut 2.1 enfants par femme pour assurer le renouvellement des générations. Or, le taux de fertilité est tombé sous ce **seuil de renouvellement des générations** dans beaucoup de pays développés, depuis les années 70. En Allemagne, en Autriche, en Italie et en Corée, il a même chuté en moyenne à 1.3 enfant par femme. (Inquiet du faible taux de fertilité de son pays, le ministre des Finances australien a exhorté ses concitoyens à « *avoir un enfant pour le père, un pour la mère et un pour le pays* ».)

Tandis que les taux de natalité déclinent, la plupart d'entre nous vivent plus longtemps, principalement grâce aux progrès de la médecine. D'où un changement parfois spectaculaire de l'équilibre entre jeunes et vieux. Comment corriger le tir? La solution consiste notamment à augmenter les taux d'activité des femmes. Au cours des dernières décennies, le nombre croissant de femmes qui ont décidé d'entrer sur le marché du travail a du reste largement contribué à l'augmentation de la population active dans la zone OCDE. Potentiellement, cette tendance pourrait se poursuivre longtemps dans les pays de l'OCDE : parmi les 15 à 64 ans (la population en âge de travailler), les trois quarts des hommes environ sont actifs, contre un peu plus de la moitié des femmes.

> **« L'augmentation de l'activité des femmes a constitué une composante essentielle de l'offre de main-d'œuvre au cours des dernières décennies... »**
>
> *Perspectives de l'emploi de l'OCDE 2006*

Pour accroître le niveau d'activité des femmes, il faut leur permettre de concilier travail et vie familiale, deux objectifs qui ne semblent contradictoires qu'en apparence. Si elles peuvent bénéficier de services de garde adaptés, les femmes se sentiront davantage en mesure de mener leur carrière tout en élevant leurs enfants. Prenons deux exemples. En Suède, entre 15 et 20 % des femmes de 40 ans n'ont pas d'enfant, indépendamment de leur niveau de scolarité. En Suisse, où les politiques de services d'accueil des enfants sont moins développées, environ 40 % des femmes diplômées de l'université n'ont pas d'enfant, vraisemblablement en raison de la difficulté de concilier carrière et vie familiale.

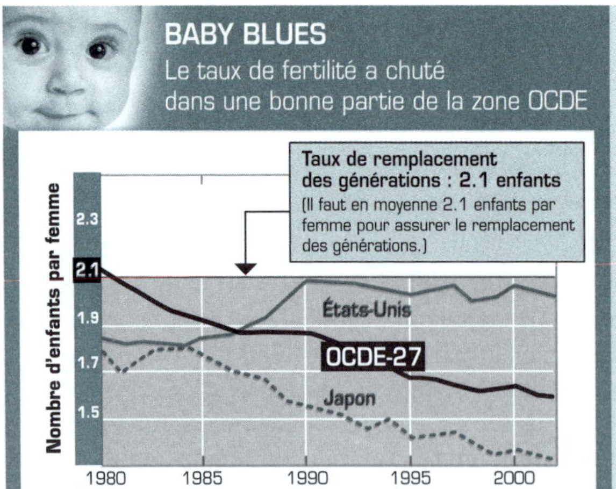

Les femmes ayant moins d'enfants, il y aura à l'avenir moins de personnes en âge de travailler pour financer, notamment, les retraites et les prestations sociales.

Pour consulter les données portant sur les 30 pays de l'OCDE, utilisez le StatLink ci-dessous.

Source : Panorama de la société 2005.

StatLink : *http://dx.doi.org/10.1787/763788682661*

Des décisions difficiles

Élever son enfant tout en travaillant tient de la gageure dans bien des régions du monde. Et malgré les avancées des dernières décennies, le fait d'avoir une famille risque plus d'affecter la carrière de la mère que celle du père. Cela tient au fait que les femmes assument encore la plus grande part du fardeau lorsqu'il s'agit d'élever les enfants. Selon une étude menée en Europe, les hommes affirment en moyenne assumer cette responsabilité dans seulement 10 % des familles (mais ce chiffre tombe à 5 % si on écoute leurs conjointes).

Comme on pouvait s'y attendre, beaucoup de femmes décident de rester à la maison ou de travailler seulement à temps partiel – choix qu'on les encourage à faire dans certains pays. Mais quitter le marché du travail peut sérieusement nuire à leur carrière. Des études montrent que six mois d'inactivité suffisent pour affecter les perspectives de carrière d'une mère. Et le seul fait d'avoir un enfant a des incidences sur les revenus des femmes. Au Royaume-Uni, le salaire horaire des femmes représente 91 % de celui des hommes, mais il tombe à 67 % lorsqu'elles ont un enfant; et même lorsque l'enfant a quitté la maison, leur salaire horaire reste bloqué à 72 % du salaire horaire moyen des hommes.

Si elles ont besoin de travailler ou si elles souhaitent mener pleinement leur carrière, les femmes n'ont souvent d'autre choix que de placer leur enfant en garderie. Là encore, ce sont des décisions difficiles à prendre. En effet, même si la question est très controversée, de nombreux experts estiment que les enfants placés en garderie ne commencent à en tirer des bénéfices qu'à partir de l'âge de 2 ans environ.

Les familles se trouvent donc face à de véritables dilemmes. Leurs décisions peuvent en effet affecter la vie de l'enfant à la fois directement – en déterminant qui s'occupera de lui – et indirectement – en augmentant ou en réduisant le revenu familial. Mais dans les sociétés modernes, de telles décisions ne se prennent pas en vase clos : elles sont souvent grandement influencées par les politiques gouvernementales.

Comment les gouvernements peuvent-ils aider les enfants et les familles?

Les gouvernements influent de nombreuses façons sur la vie de la famille, à la fois directement et indirectement, que ce soit à travers le système fiscal, les congés parentaux, les programmes ciblant les familles pauvres ou les allocations pour frais de garde. Autant de mesures lourdes de conséquences dans la vie des enfants d'âge préscolaire, car elles déterminent qui s'occupera d'eux : l'un des deux parents, un proche, une nourrice ou une garderie.

Travailler ou rester à la maison

La façon dont on s'occupe des enfants dépend en partie du système fiscal et des régimes de prestations sociales, même ces aspects semblent à des années-lumière du berceau. L'impact de ces systèmes n'est pas toujours facile à saisir, et selon la phrase qu'on prête à Albert Einstein « la chose la plus difficile à comprendre est l'impôt sur le revenu ». Selon l'endroit où ils habitent, les couples mariés ou concubins peuvent payer leurs impôts ensemble ou séparément; ils peuvent bénéficier ou non de déductions fiscales s'ils font appel à une garderie; et si leur salaire augmente, leurs impôts peuvent grimper en flèche ou s'accroître modérément.

Les combinaisons possibles sont presque illimitées et elles peuvent peser lourd dans la décision d'un individu, et en particulier d'une mère, de travailler ou pas. Par exemple, dans certains systèmes fiscaux, les deux époux font l'objet d'une imposition jointe, ce qui peut faire passer celui qui gagne le moins dans une tranche d'imposition supérieure. Ce surcroît d'impôt peut écorner son salaire et donc le dissuader de travailler.

> **« ... la fiscalité et les régimes de prestation actuels dissuadent les mères d'entrer ou de revenir sur le marché du travail – ce à quoi il est nécessaire de remédier. »**
>
> *Accroître les chances de chacun*

Les prestations sociales peuvent avoir des effets similaires. Pour les familles les plus pauvres, avoir un second revenu peut entraîner la perte de certains avantages (par exemple, allocation familiale ou crédits d'impôt) et par conséquent une baisse nette de revenu, en particulier si le calcul des prestations prend en compte le coût de la garderie. Là encore, le système fiscal et les régimes de prestations sociales incitent le second conjoint *à ne pas travailler,* ce qui peut avoir des conséquences à long terme à la fois sur la façon dont on s'occupe de l'enfant et sur le revenu familial.

Les besoins essentiels

Les prestations sociales peuvent avoir un impact plus important encore sur la vie des enfants. Ainsi, grâce au programme ciblé *Oportunidades,* de petits montants sont accordés chaque mois à environ 5 millions de familles mexicaines, principalement dans les zones rurales, soit environ un quart de la population du Mexique. Mais l'aide est assortie de certaines conditions : les enfants doivent être scolarisés et leur santé doit être suivie régulièrement.

Ce programme est également novateur à d'autres égards. L'argent est généralement versé aux mères, car on estime qu'elles le consacreront plus sûrement que les pères à des besoins essentiels pour l'enfant. De plus, le montant accordé est légèrement plus élevé pour les filles que pour les garçons, afin de compenser la dévalorisation dont les filles tendent à faire l'objet dans les communautés traditionnelles.

Le programme mexicain n'échappe pas aux critiques. Selon un journal local, dans certains États mexicains, des familles nourrissent des porcs avec les aliments pour bébé qui leur sont distribués parce que leurs enfants ne veulent pas les manger. Le programme donne cependant de bons résultats. Une étude montre que le nombre de filles scolarisées a augmenté de 20 % dans les familles qui y participent (l'augmentation est de 10 % pour les garçons) et que le nombre d'enfants âgés entre 1 et 5 ans souffrant de maladies a diminué de 12 %. L'idée d'assortir l'aide de certaines conditions a même fait école en Amérique du Sud : le Pérou et le Brésil, notamment, ont mis en place des programmes similaires.

> **Le programme *Oportunidades* « a amélioré le niveau d'assiduité des enfants entrant dans l'enseignement secondaire de presque 20 % pour les filles et de 10 % pour les garçons... ».**
>
> *Accroître les chances de chacun*

Des programmes aussi ciblés constituent une sorte de compromis entre l'ampleur des problèmes que les gouvernements s'efforcent de

L'OCDE et... la politique sociale active

On assimile parfois la politique sociale à un filet de sécurité destiné aux personnes ayant des problèmes. D'où certaines critiques l'accusant de déresponsabiliser les individus et de les protéger indûment des réalités économiques. Pour autant, presque personne ne préconise de la supprimer, surtout pas envers les membres les plus fragiles de la société, notamment les enfants. Mais, en raison de la chute du nombre de personnes en âge de travailler, les gouvernements s'efforcent de réformer la politique sociale.

Dans cette optique, l'OCDE fait depuis quelques années la promotion de la politique sociale active. L'objectif n'est pas seulement d'aider les personnes qui en ont besoin, mais aussi d'investir en elles afin d'empêcher que les problèmes n'apparaissent. (Par exemple, en créant une fiscalité et des systèmes de soins et d'éducation plus proches des préoccupations des gens, on facilite le retour au travail des mères et donc on accroît le revenu familial.)

De plus en plus de gouvernements adhèrent à cette approche. Comme l'ont déclaré les ministres des Affaires sociales des pays de l'OCDE en 2005 : « *Les politiques sociales doivent anticiper et mettre l'accent sur l'investissement dans les capacités des personnes et la réalisation de leur potentiel, et pas seulement les protéger contre les aléas de la vie.* »

Quelles sont les critiques réservées à la politique sociale active? On l'accuse parfois de masquer la volonté des gouvernements de se désengager de la protection sociale pour transférer plus de responsabilités sur les épaules des citoyens. L'argument est le suivant : alors que les citoyens pouvaient auparavant s'en sortir grâce à une aide de l'État, par exemple, en cas de perte d'emploi, ils doivent désormais compter davantage sur eux-mêmes en développant leur capital humain ou en souscrivant à des régimes de retraite privés.

Selon certaines analyses, cela reviendrait à soumettre la politique sociale aux principes de l'économie de marché. À l'aune des politiques sociales traditionnelles, qui visaient à redistribuer la richesse et à créer immédiatement une société plus égalitaire, on peut réduire les politiques sociales actives – notamment en raison de l'accent qu'elles mettent sur les enfants d'âge préscolaire – à la volonté de donner aux individus la capacité d'être *compétitifs* dans l'avenir. Or, selon les critiques, une société reposant sur la concurrence ne peut être juste que si tous les individus sont au départ sur un pied d'égalité, ce qui n'est pas toujours le cas à cause des disparités de revenus importantes existant dans de nombreux pays.

résoudre et les montants qu'ils peuvent prélever à travers la fiscalité afin de les consacrer aux politiques sociales. Prenons l'exemple de la Suède, qui possède probablement le système de soins et d'éducation destiné aux enfants le plus complet au monde. Les services d'accueil des enfants sont largement subventionnés et les parents peuvent en bénéficier s'ils le souhaitent; les soins de santé et l'éducation sont peu coûteux; et les congés parentaux peuvent aller jusqu'à 18 mois, avec l'assurance de retrouver ensuite son emploi. Un système parfait? À ce petit détail près que les prélèvements obligatoires (également utilisés pour financer bien d'autres programmes) représentent un peu plus de la moitié du PIB de la Suède.

Au Mexique en revanche, les prélèvements obligatoires représentent moins de 20 % du PIB. Le Mexique est plus pauvre que la Suède et la pauvreté y touche plus d'enfants que partout ailleurs dans l'OCDE. Même si l'on pourrait conseiller au Mexique d'augmenter sa fiscalité pour pouvoir financer davantage de dépenses sociales, peu d'hommes politiques mexicains seraient prêts à proposer aux électeurs une fiscalité aussi élevée qu'en Suède, même en leur promettant une couverture médicale universelle.

Temps libre pour les parents

Au-delà de l'aide pécuniaire, les gouvernements peuvent faire plus pour les enfants et leurs familles. Prenons, par exemple, le congé parental, dont l'origine remonte à l'Allemagne de Bismarck dans les années 1870. Afin de contrer la tentation socialiste, Bismarck adopta, en matière de santé et d'assurance, diverses mesures destinées aux travailleurs, notamment un congé de trois semaines pour les nouvelles mères. Aujourd'hui, le congé de maternité est généralement beaucoup plus long (jusqu'à trois ans en France, en Finlande et en Allemagne), bien que les mères ne continuent habituellement de percevoir un salaire à taux plein, ou peu s'en faut, que pendant, au mieux, les trois premiers mois. Passé ce délai, elles reçoivent une fraction de leur salaire ou parfois rien, mais elles conservent en général le droit de retrouver leur emploi.

Le congé de paternité est bien moins courant et souvent non rémunéré. Même lorsqu'il existe, les pères le prennent rarement entièrement de peur de perdre des revenus et de donner à leur employeur l'impression de ne plus être impliqués dans leur travail. Certains pays tels que l'Islande ont mis en place des congés de paternité rémunérés et même des congés parentaux partagés, que les conjoints peuvent répartir entre eux selon leurs besoins.

Ces congés rémunérés par l'État aident les parents actifs à donner à leur enfant une partie du temps et des soins qu'ils voudraient lui consacrer dans l'idéal. Mais l'entreprise peut aussi offrir d'autres options, notamment la possibilité de travailler à temps partiel, des contrats de travail dont la durée correspond à l'année scolaire, ou le choix de travailler à la maison, en particulier lorsqu'un enfant est malade. Les gouvernements sont cependant réticents à rendre de telles mesures obligatoires. Dans une économie mondialisée, ce serait, aux yeux de certaines entreprises, un fardeau injuste, car il ne pèserait pas nécessairement sur leurs concurrents étrangers. Quant aux syndicats, ils peuvent considérer que le travail à temps partiel constitue une menace pour les emplois à temps plein.

Selon certaines entreprises, ces formules souples de travail réduisent le renouvellement du personnel, l'absentéisme et les coûts de recrutement et de formation. Mais la cause reste difficile à plaider, car l'impact réel de ces formules sur la rentabilité des entreprises est très difficile à mesurer. D'où une grande diversité dans l'offre de ces formules de travail selon les pays : plus de deux femmes sur trois disent pouvoir en bénéficier en Autriche et en Italie, contre seulement deux sur cinq en Angleterre et en Irlande.

Que peut faire l'éducation préscolaire pour les enfants?

S'occuper d'enfants d'âge préscolaire tient parfois de l'opération de sauvetage. Lorsqu'un bambin évite les pièges du bac à sable, échappe à la noyade et ne met pas le feu au jardin d'enfants, on estime souvent que sa journée a été bien remplie. Et s'il lui arrive d'apprendre quelque chose, cela vient en prime.

> **« ... les services destinés aux enfants de moins de 3 ans ont souvent été considérés comme accessoires aux politiques du marché du travail, les nourrissons et les tout petits étant affectés à des services qui n'avaient pas de véritables programmes de développement. »**
>
> *Petite enfance, grands défis II.*

Nous devrions probablement avoir des attentes plus élevées. Les capacités d'apprentissage des jeunes enfants sont étonnantes et un système de soins et d'éducation bien conçu peut les aider à les développer. Les bénéfices qu'ils peuvent en tirer sont particulièrement importants, surtout dans le cas des enfants issus de l'immigration, qui maîtrisent parfois moins bien la langue et sont exposés à un risque élevé de pauvreté. Malheureusement, le potentiel de l'éducation préscolaire n'est pas toujours pleinement exploité.

Privé et public

De nos jours, dans les pays de l'OCDE, les enfants passent en règle générale jusqu'à deux ans à la maternelle ou à la garderie avant d'entrer à l'école primaire. Selon l'endroit où ils vivent, certains y passent plus de huit heures par jour, alors que d'autres n'y passeront pas plus de deux ou trois heures. Et comme bien souvent les horaires ne correspondent pas aux horaires de travail des parents, ces derniers sont parfois contraints de travailler à temps partiel et de faire plusieurs allers-retours chaque jour pour aller chercher leur enfant.

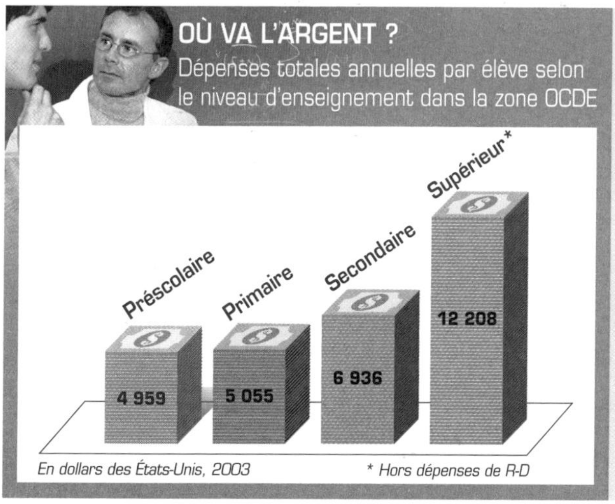

Les dépenses consacrées au préscolaire sont parfois relativement faibles. D'où le risque d'occasions manquées dans le développement des jeunes enfants.

Pour consulter les données portant sur les 30 pays de l'OCDE, utilisez le StatLink ci-dessous.

Source : Regards sur l'éducation, 2006.

StatLink : *http://dx.doi.org/10.1787/837858133612*

POINT DE VUE David Shipler

Travailler, mais à quel prix?

L'extrait qui suit est librement adapté de The Working Poor: Invisible in America *(Les travailleurs pauvres : l'Amérique invisible), livre dans lequel* **David K. Shipler** *décrit les problèmes rencontrés par Caroline Payne, une mère de famille américaine active, et Amber, sa fille handicapée. Caroline a trouvé un emploi dans une usine Tampax, ce qui l'oblige à travailler de nuit et à laisser Amber seule à la maison...*

« Tout en faisant tourner des machines d'empaquetage de tampons, Caroline se faisait du souci pour Amber, et à juste titre. À 14 ans, Amber pouvait à peine lire et écrire, elle pouvait difficilement déchiffrer l'heure sur les montres à aiguilles et ne savait pas si elle avait assez d'argent pour acheter quelque chose valant 4 USD avec un billet de 10 USD. Mais elle pouvait jouer un morceau de flûte si sa mère écrivait les lettres correspondant aux notes sur du papier à musique et elle suivait des cours de gymnastique dans une école de danse, cours que sa mère payait en nettoyant la salle une fois par semaine. Comme Amber souffrait d'épilepsie, les médecins avaient recommandé de ne pas la laisser seule trop longtemps en raison des risques de crise. Pour organiser toute la logistique nécessaire aux soins d'Amber, Caroline devait en permanence jongler avec ses horaires de travail, ce qui l'angoissait énormément.

Amber confia un jour à son professeur à quel point elle avait peur lorsqu'elle était seule à la maison la nuit tombée. Le professeur s'alarma et menaça d'accuser Caroline de négligence. « Elle est incapable de prendre soin d'elle-même, dit Donald R. Hart, le proviseur de l'école Claremont Middle. Le cas échéant, nous sommes légalement tenus de signaler toute négligence. » Il souleva la question devant ses plus proches collaborateurs, notamment un psychologue scolaire, un représentant d'une agence d'aide locale, un intervenant en protection juvénile et un conseiller d'orientation. « Je leur demandais quels étaient les services disponibles pendant les heures où la mère d'Amber travaillait, et il n'y en avait tout bonnement aucun. »

De peur d'être accusée de négligence devant l'Agence pour la protection de l'enfance de son État, Caroline arrêta d'aller travailler et téléphona partout où elle put pour trouver une solution. Sans le moindre résultat.

« Je fais tout ce que je peux pour payer mes petites factures en retard, et maintenant que je n'ai plus de travail, je vais devoir demander l'aide sociale. Tu fais tout pour remonter la pente et il y a quelqu'un pour t'enfoncer. Si je ne travaille pas, c'est aussi de la négligence : pas de nourriture, pas de vêtements pour mon enfant. »

Le plus étonnant et le plus troublant dans cette histoire inextricable est que personne n'ait privilégié la solution la plus évidente : si l'usine avait affecté Caroline en équipe de jour, le problème aurait disparu de lui-même.

Elle en fit bien la demande à un contremaître, qui refusa, mais personne – ni le proviseur, ni le médecin, ni la myriade d'agences qu'elle contacta –, personne parmi ceux dont la profession est d'aider les autres ne pensa à appeler le directeur de l'usine, le contremaître ou qui que ce soit d'autre pour plaider la cause de Caroline. »

Tandis qu'un nombre croissant de mères entrent sur le marché du travail, la demande de professionnels de la petite enfance augmente rapidement. À bien des égards, le secteur privé est plus susceptible que le secteur public de répondre rapidement à ces besoins. Mais l'accroissement de l'offre ne va pas toujours de pair avec celui de la qualité. Dans de nombreux pays, les adultes qui s'occupent des très jeunes enfants sont souvent des travailleurs à faible revenu sans formation pertinente, d'où un taux élevé de roulement de la main-d'œuvre. Quant aux structures qui accueillent les enfants, elles n'ont pas toujours besoin d'être enregistrées ou d'obtenir une autorisation. Et parfois on leur impose seulement une limite, pour des raisons de santé et de sécurité, au nombre d'enfants qu'elles peuvent accueillir.

Si le secteur privé contribue à satisfaire la demande, c'est le secteur public, c'est-à-dire l'État, qui doit veiller à la qualité des services offerts. Bien que beaucoup de pays accroissent, parfois de façon significative, les dépenses destinées aux enfants d'âge préscolaire, ils ne consacrent probablement pas assez de temps, d'argent et d'efforts à instaurer et à faire respecter des normes de qualité.

> **« Malgré [les investissements] croissants consacrés aux familles et aux jeunes enfants, de graves pénuries persistent, notamment dans les services aux enfants de moins de 3 ans. »**
>
> *Petite enfance, grands défis II*

Les grandes disparités de dépenses entre les pays entraînent de grands écarts d'accès aux services. Beaucoup de pays d'Europe ont adopté le principe de l'« accès universel », c'est-à-dire le droit de *tous* les enfants à recevoir un minimum de soins et d'éducation à partir de l'âge de 3 ans ou même plus tôt (en Finlande, dès la naissance). Ailleurs, l'éducation n'est parfois gratuite qu'à partir de 5 ans et l'éducation préscolaire ne concerne quelquefois que les enfants ayant des besoins particuliers (par exemple, les enfants issus de l'immigration, venant de familles défavorisées ou ayant des difficultés d'apprentissage).

La question de l'accès aux services soulève les passions. Selon les partisans d'un accès universel financé par l'État, l'éducation préscolaire est un droit pour tout enfant, quel que soit son milieu social. Leurs adversaires soutiennent que les contribuables à faible revenu ne devraient pas payer pour les classes moyennes, qui pourraient se payer ces services, et que l'argent public devrait aller aux besoins les plus criants. La demande pour ces services augmentant, le débat n'est pas près de s'apaiser.

Soins et éducation

Qu'entend-on exactement par « soins » (ou « accueil »), « éducation » et « apprentissage »? Les différences ne sont pas si importantes lorsqu'il est question d'enfants d'âge préscolaire. Les nourrissons et les jeunes enfants sont constamment en train d'apprendre, même lorsqu'en apparence, c'est nous qui nous occupons d'eux. Ainsi, quand un père donne le biberon à son enfant, il le nourrit (soin) tout en l'aidant à développer son autonomie (apprentissage).

> **« Dans la plupart des pays, les politiques concernant l'"accueil" et l'"éducation" se sont développées de manière séparée avec différents systèmes de gouvernance, de moyens de financement et de formation pour les personnels... »**
>
> *Petite enfance, grands défis I*

Dans beaucoup de pays, malheureusement, on a trop souvent envisagé la petite enfance comme relevant des soins *ou* de l'éducation, et donc du ministère de la Santé ou du ministère de l'Éducation. Cette approche, qui tend aujourd'hui à reculer, peut être synonyme d'occasions manquées : en se focalisant sur les soins, on risque de laisser de côté les besoins de l'enfant en matière d'éducation; et en accordant trop d'importance à l'apprentissage, on risque de négliger des problèmes de santé et de développement, en particulier chez les enfants venant de milieux défavorisés.

Différentes approches

Il existe plusieurs écoles de pensée en matière d'éducation préscolaire. L'objectif de la première, qui inspire la France et les pays anglophones, est de préparer les enfants à la scolarité en mettant l'accent sur l'acquisition de connaissances et le développement de compétences qui leur seront un jour utiles en classe.

Selon une autre école de pensée, très répandue en Europe centrale et dans les pays nordiques, il convient de préparer les enfants non seulement à l'école, mais aussi à la vie. Les enfants sont encouragés à jouer, à interagir et à travailler fréquemment sur des projets de groupe pour développer des aptitudes sociales. Dans cette approche, la période préscolaire est également valorisée en tant que telle.

Comparons ces deux approches. Dans la tradition nordique, les enfants passent plusieurs heures par jour en plein air, car on considère qu'il est tout aussi profitable d'apprendre à l'extérieur qu'à l'intérieur. En revanche, dans la tradition anglaise – ou française –, on passe ses récréations dehors mais on apprend entre quatre murs.

L'approche « prêt-à-étudier » est très séduisante pour les parents et les enseignants. Elle contient la promesse que les enfants seront plus avancés en lecture et en écriture lorsqu'ils entreront à l'école primaire. Pourtant, il n'y a pas de garantie que cette approche soit la plus adaptée au mode d'apprentissage réel des très jeunes enfants. Du reste, il ne semble pas que le modèle nordique, qui est moins strict, désavantage en quoi que ce soit les enfants.

En Finlande, l'école primaire à proprement parler ne commence pas avant l'âge de 7 ans environ. Jusque-là, les enfants vont dans des garderies dont le personnel se compose d'enseignants, d'assistants ayant une formation infirmière et d'aides en garderie; quant au développement des compétences scolaires formelles, le minimum de temps lui est consacré. Pourtant, à l'âge de 15 ans, les résultats des élèves finlandais en *littératie* et en mathématiques sont parmi les meilleurs au monde. En outre, la transition entre le préscolaire et l'école est méticuleusement pensée, et les élèves finlandais passent d'un niveau à l'autre en douceur.

En résumé, dans beaucoup de pays de l'OCDE, la politique d'éducation préscolaire gagnerait à être mieux coordonnée dans tous ses aspects. Cela implique, entre autres, de mûrement réfléchir aux besoins de l'enfant pour ce qui est à la fois des soins et de l'apprentissage, tout en s'assurant qu'il y a une continuité entre le préscolaire et l'école. Bien sûr, cela coûte cher. Étant donné les bénéfices qui en résulteront sur le plan de l'éducation comme sur le plan social, ce sont sans doute des investissements à long terme parmi les meilleurs que nos sociétés puissent effectuer.

Pour en savoir plus

➤ **Bébés et employeurs : Comment réconcilier travail et vie de famille** *(collection)*

– **Volume 1 : Australie, Danemark et Pays-Bas** *(2002)*

– **Volume 2 : Autriche, Irlande et Japon** *(2003)*

– **Volume 3 : Nouvelle-Zélande, Portugal et Suisse** *(2004)*

– **Volume 4 : Canada, Finlande, Suède et Royaume-Uni** *(2005)*

Concilier travail et vie de famille relève du défi. Certains souhaitent agrandir leur famille, mais craignent que leurs revenus ne le permettent pas. D'autres sont heureux de leur situation, mais voudraient travailler plus longtemps ou moins longtemps, ou avoir des horaires plus souples. Trouver le juste équilibre est essentiel à la fois pour les individus et les familles, la croissance économique et le développement social. La collection *Bébés et employeurs* analyse le rôle joué par un large éventail de politiques – couvrant des domaines allant des prestations sociales aux soins des enfants – dans la conciliation du travail et de la famille, tout en avançant des pistes de réformes.

➤ **Accroître les chances de chacun : Pour une politique sociale active au bénéfice de tous** *(2005)*

Si la politique sociale est souvent dénigrée au motif qu'elle est un fardeau pour la société, bien conçue, elle peut être un atout d'une importance vitale pour le développement social. Mais, pour qu'elle tienne toutes ses promesses, il faut réorienter ses priorités et passer de l'assurance des individus contre des aléas bien définis à une « politique sociale active », consistant à investir dans leurs capacités et à leur permettre d'utiliser au mieux leur potentiel à tous les stades de l'existence. *Accroître les chances de chacun* donne une évaluation complète des questions sociales dans les pays de l'OCDE – notamment les niveaux de pauvreté, les inégalités entre les hommes et les femmes en matière d'emploi et de revenus, et les problèmes particuliers rencontrés par les personnes plus âgées – tout en analysant comment la politique sociale active peut y répondre.

➤ **Petite enfance, grands défis II : Éducation et structures d'accueil** *(2007)*

Le développement économique et les changements sociaux rapides ont bouleversé les modèles familiaux et l'éducation des enfants. Cet ouvrage analyse les politiques d'éducation destinées aux jeunes enfants dans 20 pays de l'OCDE et passe en revue les facteurs qui les influencent, qu'ils soient d'ordre social, économique, conceptuel ou liés aux recherches actuelles. Comment accroître la place des femmes sur le marché du travail? Comment réconcilier les responsabilités liées à la famille et au travail au profit des femmes? Comment relever les défis posés par le vieillissement démographique? Comment s'attaquer aux questions de l'accès, de la qualité, de la diversité des services offerts, tout en tenant compte de la pauvreté infantile et des handicaps en matière d'éducation? La façon dont les pays répondent à ces défis dépend de leurs traditions sociales et économiques, de leur conception de la famille et des jeunes enfants, ainsi que des enseignements qu'ils tirent des recherches consacrées aux bénéfices que procurent des services de qualité. *Petite enfance, grands défis II* analyse comment les pays participants ont réagi aux questions soulevées dans l'étude **Petite enfance, grands défis** (2001), précédemment publiée. Cet ouvrage s'intéresse également aux nouvelles initiatives mises en œuvre, identifie les domaines d'intervention auxquels les gouvernements devraient porter une attention particulière, tout en dressant le tableau des systèmes éducatifs et des systèmes de soins destinés aux jeunes enfants dans chaque pays participant.

L'ouvrage ci-dessous est également mentionné dans ce chapitre :

➤ Perspectives de l'emploi – Édition 2006 : Stimuler l'emploi et les revenus

4

L'éducation formelle est la pierre angulaire du capital humain. Pourtant, l'efficacité des établissements scolaires n'est pas toujours au rendez-vous : mauvaise qualité de l'enseignement et méthodes pédagogiques dépassées peuvent limiter les progrès des élèves. Les systèmes éducatifs doivent répondre aux besoins de chacun pour ne pas faire des laissés-pour-compte.

En route pour l'école

En guise de préambule…

Les apparences vous ont trompé. Vous n'êtes pas dans une salle de rédaction, mais bel et bien dans une école. Un ordinateur portable est ouvert sur chaque bureau, les élèves vont et viennent librement, parlent entre eux de leurs travaux. Ne cherchez pas d'estrade, il n'y en a pas. L'enseignant circule parmi les élèves qui travaillent individuellement ou en groupes, vérifie leur travail, leur pose des questions, leur répond. Votre méprise est tout excusée. Vous vous trouvez dans une salle PROTIC* de l'école Les Compagnons-de-Cartier à Québec.

Le but de ce programme spécifique est de rendre les élèves responsables de leur propre apprentissage. Ce qui s'accompagne d'exigences : travailler en groupe, fixer soi-même ses objectifs d'apprentissage (dans certaines limites) et utiliser les technologies de l'information comme outils de recherche et de communication. Un véritable défi pour les enseignants. « Vous devez accepter de ne plus contrôler tout ce qui se passe dans la classe, dit l'un d'eux, vous cessez soudain d'être la seule source de connaissance. »

Ne soyez pas étonné si cela ne ressemble pas à l'école où vous êtes probablement allé. Les écoles changent. L'image du professeur donnant un cours magistral à des élèves qui l'écoutent religieusement est encore ancrée en nous, mais la réalité est aujourd'hui bien différente : l'enseignement évolue sous l'influence du changement économique et social. Le latin est remplacé par l'espagnol et le chinois, Euclide cède la place aux mathématiques modernes et à l'informatique. La valeur économique de l'éducation – une composante clé du capital humain – s'accroît et, une fois encore, l'école se réinvente. Malheureusement, elle ne le fait pas toujours aussi efficacement et aussi vite qu'il le faudrait.

▶ Dans ce chapitre, nous verrons comment l'école aide les jeunes à développer leur capital humain. Tout d'abord, nous examinerons les compétences et les aptitudes que les jeunes ont besoin d'acquérir et verrons dans quelle mesure les écoles parviennent à les aider. Puis nous nous pencherons sur certains des problèmes rencontrés par les écoles, en particulier les méthodes d'enseignement inefficaces ou dépassées, et sur certaines des solutions possibles. Enfin, nous nous demanderons dans quelle mesure les écoles répondent aux besoins des jeunes qui ont peu de dispositions pour les études.

* Le PROTIC est un programme de formation utilisant les TIC à des fins d'apprentissage.

Les élèves apprennent-ils ce dont ils ont besoin?

Quelle idée nous faisons-nous de l'école? Un homme d'affaire anglais l'a un jour décrite comme un système dans lequel « des incompétents inculquent l'incompréhensible à des ignorants ». Plus récemment, Jean-Paul Brighelli a consacré aux écoles françaises un livre à succès intitulé *La fabrique du crétin*.

En dépit des critiques, les écoles fonctionnent, à bien des égards, plutôt bien. Partout dans le monde, un nombre croissant d'adultes savent lire, écrire et compter, et ils apprennent en règle générale à l'école. L'école permet aussi d'« apprendre à apprendre », c'est-à-dire de développer la capacité d'entreprendre des tâches compliquées et de faire des raisonnements complexes.

Les notions fondamentales

Elles sont certes très utiles. Mais pour être vraiment efficace et aider les individus à faire leur chemin dans le monde moderne, l'école doit leur donner un ensemble plus large de compétences. Le mot est lâché. Mais qu'est-ce qu'une compétence? Une compétence est plus qu'une connaissance ou qu'une aptitude : tout en empruntant aux deux, elle relève aussi des attitudes.

Lorsque nous écrivons à quelqu'un qui vit à l'étranger, nous avons besoin d'une connaissance particulière : la langue ou les langues nécessaires pour nous exprimer. Nous avons aussi besoin d'une aptitude, par exemple, savoir utiliser le courrier électronique. Mais pour communiquer efficacement, il nous faut aussi une attitude ou une approche qui nous aidera à comprendre les références culturelles de notre correspondant. (« Ne jamais sous-estimer le savoir local » affirme une publicité du groupe bancaire HSBC.) Ajoutez tous ces ingrédients – **connaissance**, **aptitude** et **attitude** –, et vous obtiendrez ce qu'on appelle une **compétence**.

De quelles compétences les jeunes ont-ils besoin? Elles doivent répondre au monde dans lequel ils entrent. Un monde où un nombre croissant d'entre nous gagnera sa vie grâce à l'économie du savoir. Un monde où la mondialisation est synonyme d'interactions plus grandes avec des personnes venant de cultures et d'horizons différents. Un monde dans lequel les individus et les communautés sont confrontés à des défis sociaux et économiques majeurs, qui vont du financement des retraites à la lutte contre le réchauffement planétaire. Un projet de l'OCDE a permis de dégager trois compétences clés qui doivent être au cœur de l'éducation d'aujourd'hui :

- utiliser efficacement des « outils » tels que la langue et l'informatique ;
- interagir avec des personnes venant de cultures et d'horizons différents ;
- gérer sa propre vie.

Ainsi formulées, ces compétences ne nous disent pas concrètement ce que les élèves devraient étudier. Mais elles nous éclairent sur l'état de préparation des jeunes face aux défis du monde moderne et nous permettent de déterminer des objectifs d'enseignement concernant à la fois le cadre où il est dispensé (la salle de classe) et son contenu (ce que les individus doivent apprendre tout au long de leur vie).

Les besoins élémentaires

Beaucoup de jeunes quittent malheureusement l'école sans avoir développé ces compétences, et parfois même sans avoir acquis des aptitudes élémentaires, telles que lire et écrire. Les chiffres varient considérablement selon les pays, mais même dans un pays comme la Finlande, dont les élèves obtiennent des scores exceptionnels aux tests internationaux, environ 12 % des hommes dans le début de la vingtaine n'ont pas achevé le deuxième cycle d'enseignement secondaire, contre 7 % pour les femmes du même âge. (À quelques exceptions près, plus de femmes que d'hommes finissent l'école secondaire dans les pays de l'OCDE.)

Arrêter ses études n'est pas nécessairement une mauvaise décision, mais cela ne vaut que pour un petit nombre de jeunes. Songeons à Richard Branson, qui a abandonné l'école – une école publique anglaise plutôt chic, convenons-en – pour fonder l'empire Virgin (musique, divertissement, transport aérien). Toutefois, dans la plupart des cas, les jeunes qui arrêtent leurs études de façon prématurée se privent de perspectives pour le reste de leur vie : ils auront moins d'opportunités d'emploi et leurs revenus seront moindres.

Pourquoi tant de jeunes échouent-ils à l'école? La question peut se poser, mais il vaudrait mieux se demander pourquoi nos écoles manquent à leurs devoirs. Le milieu socio-économique des élèves est un facteur souvent invoqué, non sans raison. Et on soutient parfois que les systèmes éducatifs sont confrontés à l'alternative suivante : soit ils donnent un enseignement relativement médiocre à l'ensemble des élèves; soit ils donnent un très bon enseignement à une petite élite sans se soucier outre mesure des autres élèves, en particulier des enfants issus de familles pauvres. Mais c'est une fausse alternative. Certains pays de l'OCDE – comme le Canada, la Finlande, le Japon ou la Corée – sont en effet plus performants lorsqu'il s'agit de donner un enseignement convenable à tous les élèves, indépendamment de leur milieu socio-économique d'origine.

C'est ce que nous apprennent des tests internationaux, tels que le Programme international pour le suivi des acquis des élèves (PISA). Le but de ce programme, lancé en 2000 par l'OCDE, est d'examiner les liens existant entre les performances des élèves, le milieu socio-économique et l'environnement d'apprentissage au sein des écoles; autant de questions parmi les plus brûlantes en matière d'éducation aujourd'hui.

Les systèmes éducatifs doivent-ils regrouper les élèves selon des critères tels que les aptitudes scolaires ou – pour parler plus crûment – selon le milieu socio-économique? En règle générale, les enfants issus des familles les plus pauvres sont grandement défavorisés à l'école, mais le lien entre le revenu familial et la performance scolaire n'est pas toujours simple. Cela dépend en grande partie du type d'école où ils sont scolarisés : s'ils vont dans une école **socialement mixte** – accueillant des élèves de toutes sortes de milieux socio-économiques –, ils auront de meilleurs résultats que s'ils vont dans une école où tous les élèves ont les mêmes handicaps économiques.

> **« En moyenne, les élèves qui vont dans des systèmes éducatifs intégrés ont de meilleurs résultats que ceux qui vont dans des systèmes éducatifs sélectifs, et leur performance scolaire dépend moins de leur milieu d'origine. »**
>
> *School Factors Related to Quality and Equity: Results From PISA 2000*

Il existe également un lien entre la performance des élèves et le niveau d'**intégration scolaire**. Comme le montrent les résultats de PISA, les performances des élèves sont meilleures et leur milieu socio-économique est un facteur moins important lorsque le

L'OCDE ET... PISA

L'adolescence est une période de transition au cours de laquelle les jeunes gens assument progressivement davantage de droits et de responsabilités de l'âge adulte. Dans de nombreux pays, ce processus commence vers 15 ou 16 ans, à l'âge où la scolarité n'est plus obligatoire et où les jeunes, guidés par leur famille, doivent décider s'ils poursuivent l'école, commencent une formation ou cherchent un emploi. Mais dans quelle mesure sont-ils préparés à prendre de telles décisions et prêts à affronter le monde qui les attend en sortant de l'école?

Le Programme international pour le suivi des acquis des élèves (PISA) entend répondre à ce type de questions. Les tests sont menés tous les trois ans; lors de l'enquête de 2003, ils concernaient plus de 275 000 élèves, âgés entre 15 et 16 ans, venant de plus de 40 pays. Le test dure deux heures et couvre trois domaines principaux : lecture, mathématiques et sciences. Mais contrairement aux examens, il ne s'en tient pas à un programme scolaire défini par chaque pays : les élèves doivent mettre en application, dans des situations qu'ils pourraient rencontrer dans la vie courante, des connaissances acquises lors de leur scolarité. Il peut s'agir de préparer un itinéraire routier, de lire le mode d'emploi d'un appareil électrique ou de tirer des informations d'un tableau ou d'un graphique. De plus, les questionnaires qui accompagnent les tests permettent de mieux cerner le milieu socio-économique des élèves, leur motivation et l'environnement d'apprentissage dans leur école.

Les résultats des tests sont scrutés à la loupe dans tous les pays participants, provoquant un concert de lamentations ou de réjouissances selon la performance réalisée. Mais l'intérêt de ces tests n'est pas d'établir un palmarès international : ils sont précieux parce qu'ils aident à comprendre *pourquoi* les élèves de certains pays et de certaines écoles obtiennent de moins bons résultats. Ils mettent également les décideurs publics au défi de s'inspirer des systèmes éducatifs étrangers qui réussissent à mieux concilier qualité et équité.

Bien que de telles comparaisons soient utiles, PISA offre plus qu'une simple mesure des aptitudes des élèves dans divers pays. En effet, ce programme examine un large éventail de facteurs liés à l'éducation, comme par exemple l'impact du milieu socio-économique dont sont issus les élèves, leurs attitudes envers l'apprentissage, les différences entre filles et garçons, etc. Les aptitudes des élèves sont analysées dans des domaines aussi variés que les mathématiques, la lecture ou la résolution de problèmes.

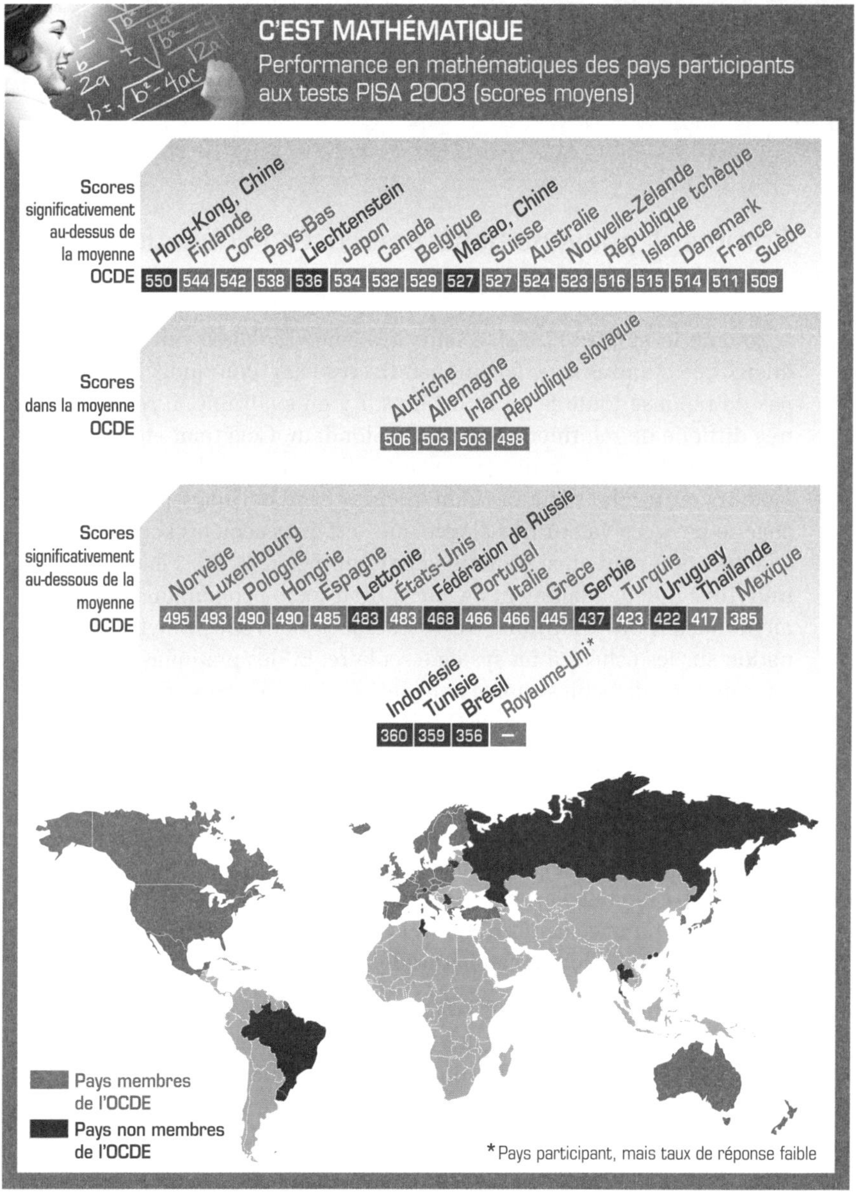

Source : Premiers résultats de PISA 2003.

système éducatif mélange des élèves dont les niveaux d'aptitude diffèrent. On ne peut l'affirmer avec certitude, mais il semble que ce type de classe aide les élèves dont les résultats initiaux sont médiocres à améliorer leurs performances. De même, la souplesse qu'autorisent les systèmes intégrés encouragerait les élèves à hausser leur niveau en leur offrant un éventail plus large de choix de scolarité.

Comment pouvons-nous améliorer l'éducation?

Comme le montre PISA, certains systèmes scolaires surmontent mieux que d'autres les effets du handicap social. Pourquoi? Il n'y a pas de réponse toute faite. Et même s'il y en avait une, il resterait très difficile de réformer l'école en profondeur. Cela tient en partie au fait que l'éducation des jeunes est influencée par de nombreux facteurs culturels, sociaux, économiques et historiques propres à chaque pays. La valeur très élevée que certaines sociétés accordent à l'éducation peut ainsi profondément imprégner la conscience des individus indépendamment de leur milieu socio-économique. De la même façon, des traditions très enracinées peuvent aveugler une nation sur les échecs d'un système scolaire. Et des pratiques jugées « normales » dans un système peuvent en réalité nuire aux élèves et être ignorées dans d'autres systèmes.

Mais l'idée d'importer des solutions de l'étranger suscite souvent des réactions hostiles. Aux États-Unis, certains réformateurs estiment que le pays gagnerait à étudier le système éducatif japonais qui encourage les enseignants à apprendre constamment les uns des autres. « La réponse la plus fréquente est que la culture japonaise n'a "rien à voir avec la nôtre"», rapporte Brent Staples du *New York Times,* tout en déplorant cette attitude.

Pourtant, même en tenant compte des différences culturelles et sociales, on peut tirer des leçons des réussites et des échecs des différents systèmes scolaires lorsqu'on s'attaque à des questions telles que le niveau de l'enseignement, le flux d'informations dans les écoles et les approches novatrices en classe dans le but d'améliorer la qualité de l'éducation.

Le rôle crucial des enseignants

Tous les enseignants ne se ressemblent pas : certains sont bons, d'autres mauvais; certains ont reçu une bonne formation, d'autres non; et on trouve aussi des enseignants potentiellement excellents qui se démènent pour faire de leur mieux dans un système scolaire étouffant. L'influence de l'enseignant sur les élèves peut être considérable. Si on met de côté des questions telles que le milieu socio-économique, la qualité de l'enseignement est le facteur qui pèse le plus sur les résultats des élèves. Dit plus simplement, les enseignants jouent un rôle crucial.

> **« Les conclusions de nombreuses recherches indiquent que la qualité des enseignants et la qualité de leur enseignement sont des facteurs primordiaux qui affectent les résultats des élèves et sur lesquels les politiques peuvent influer. »**
>
> *Le rôle crucial des enseignants*

Le moral des enseignants s'effondre dans de nombreux pays et ce, malgré leur rôle important. Cela résulte probablement en partie du changement qui affecte leur statut social. Dans les sociétés traditionnelles, les enseignants étaient parfois les seules personnes – avec les médecins et les responsables religieux – qui avaient une formation supérieure. Ce n'est généralement plus le cas dans les pays développés où enseigner n'est plus qu'une profession parmi beaucoup d'autres.

Il est préoccupant que l'enseignement ne soit plus aussi attrayant qu'autrefois. À quelques exceptions notables près, les programmes de formation des enseignants attirent des étudiants dont le niveau universitaire est moins élevé. Et le manque de personnes très qualifiées peut devenir particulièrement grave pour les écoles dans des matières telles que l'informatique, les langues étrangères et les sciences. Lorsqu'on a une bonne formation dans ces domaines, on peut en effet trouver un emploi mieux payé hors de l'enseignement.

Si le salaire des enseignants augmente en règle générale, il ne suit pas celui des autres professions. Et si c'était le cas, ce pourrait être au prix d'autres priorités comme la diminution du nombre d'enfants par classe. Dans la zone OCDE, environ 20 % en moyenne des enseignants du primaire sont des hommes. D'où un manque de modèles masculins à l'école, alors que la situation des garçons dans le système éducatif est une préoccupation grandissante. Dans la majorité des pays de l'OCDE, les filles sont plus nombreuses que les garçons à terminer l'école secondaire. Est-ce parce que les filles sont meilleures ou parce que les garçons sont moins bons? La question est d'actualité, mais elle n'est pas près d'être résolue.

Ces problèmes surviennent alors que les temps sont déjà difficiles pour l'école. Comme l'éducation a connu une expansion rapide dans les années 60 et 70, beaucoup d'enseignants recrutés à l'époque sont aujourd'hui proches de l'âge de la retraite. Dans les pays de l'OCDE, un quart des enseignants du primaire en moyenne et près d'un tiers des enseignants du secondaire ont plus de 50 ans – ces chiffres atteignent même 40 % dans certains pays. Certes, ils ne devront pas tous être remplacés : il n'y aura plus autant d'élèves à l'avenir dans les pays de l'OCDE car le nombre de jeunes diminue – excepté dans des pays comme la France et les États-Unis.

Mais cela ne résoudra pas le manque d'enseignants de grande qualité. Ce problème touche beaucoup de pays et il est d'autant plus préoccupant qu'on demande de plus en plus aux enseignants. L'immigration croissante les amène parfois à s'occuper d'enfants venant de milieux culturels divers. De plus, ils doivent rester au fait des nouvelles méthodes d'enseignement, autrement dit mettre l'accent non sur ce qui est enseigné, mais sur ce qui est *appris* et, tout aussi important, sur *la façon* dont cela est appris. Cette réorien-

LA TAILLE DES CLASSES

Nombre d'élèves par classe au premier cycle d'enseignement secondaire

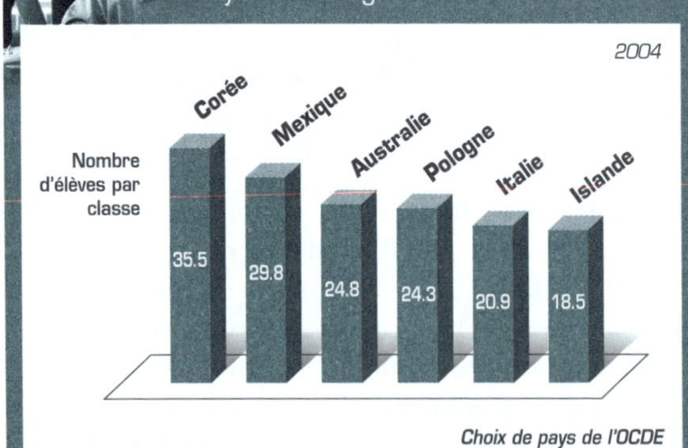

Les parents et les enseignants préfèrent les classes de petite taille. Mais comme les budgets d'enseignement sont limités, cela peut se traduire par un plus grand nombre d'enseignants mal payés. D'où un risque pour la qualité de l'enseignement.

Pour consulter les données portant sur les pays de l'OCDE et les pays partenaires, utilisez le StatLink ci-dessous.

Source : Regards sur l'éducation, 2006.

StatLink : *http://dx.doi.org/10.1787/820163452458*

tation des priorités les oblige à repenser leur façon de travailler. Et pour rendre cette profession déjà exigeante plus complexe encore, ajoutons la nécessité de rester à jour en matière de programmes scolaires, de nouvelles technologies et de nouvelles méthodes d'évaluation des progrès des élèves.

De meilleurs enseignants...

Comment peut-on améliorer la qualité de l'enseignement? La réponse réside en grande partie dans la formation, le recrutement et la politique de gratification des enseignants. Ces processus doivent être pensés globalement : du premier jour de formation jusqu'au dernier jour d'enseignement. On peut ainsi élargir le bassin d'enseignants potentiels en permettant à des personnes actives – et pas seulement à des diplômés du secondaire ou de l'université – d'entrer dans le système de formation et ce à différentes étapes de leur carrière. Aux États-Unis, par exemple, environ 25 000 professionnels et diplômés de l'université embrassent l'enseignement chaque année et l'expérience montre qu'ils sont tout aussi efficaces en classe que leurs collègues mieux établis.

La formation est bénéfique pour les enseignants, cela ne fait aucun doute. Mais pour être efficace, elle doit être coordonnée tout au long de leur carrière, et il importe également qu'elle soit pertinente. En Finlande, par exemple, tous les enseignants doivent avoir suivi entre cinq et six années d'études, soit l'équivalent d'un mastère, avant de pouvoir enseigner. Ce qui suppose des investissements considérables que beaucoup de pays ne sont pas prêts à faire. Mais quel que soit le niveau de leur formation initiale, il est important que les enseignants continuent à apprendre tout au long de leur carrière.

> **« Il faut énoncer clairement les responsabilités que les enseignants doivent assumer pour ce qui est de leur propre formation continue et prévoir une structure d'encadrement pour les y aider. »**
>
> *Le rôle crucial des enseignants*

Le perfectionnement professionnel peut prendre plusieurs formes : conférences, formation sur les nouveaux programmes scolaires, ateliers, etc. Et il ne vise pas nécessairement à développer des aptitudes applicables uniquement en classe. Au Japon, par exemple, il est fréquent que les nouveaux enseignants fassent un stage d'une durée d'un mois dans des entreprises privées, des maisons de santé ou des

PANORAMA Les immigrés et l'éducation

Comment les élèves issus de l'immigration réussissent-ils à l'école? Comme pour beaucoup de questions liées à l'immigration, la réponse est noyée dans un brouillard de demi-vérités et de généralisations abusives. Par exemple, les jeunes asiatiques sont souvent perçus comme des élèves modèles, des élèves doués tirés en avant par des parents qui valorisent l'éducation. À l'inverse, on considère parfois que les élèves ayant d'autres origines s'intéressent peu à l'éducation et n'obtiennent pas d'aussi bons résultats.

Qu'en est-il en réalité? Le programme PISA de l'OCDE permet d'apporter quelques réponses. Les performances d'enfants immigrés de la première et de la seconde génération ont été analysées dans 17 pays de l'OCDE, pays non membres et territoires ayant des populations immigrées importantes. L'occasion de déboulonner quelques idées reçues.

Plus une communauté immigrée est importante, moins les élèves qui en sont issus ont de chances de réussir.

FAUX. Il n'existe pas de lien réel entre l'importance d'une communauté immigrée et les résultats scolaires des élèves qui en sont issus. Ce qui laisse penser que l'importance de ces populations ne constitue pas une barrière à l'intégration.

Les élèves issus de l'immigration ne veulent pas apprendre.

FAUX. Les enfants immigrés de la première et de la seconde génération sont aussi enthousiastes que leurs condisciples à l'idée d'apprendre et d'aller à l'école, et parfois beaucoup plus. C'est un facteur essentiel qui permet à l'école d'aider les jeunes immigrés à réussir.

Les élèves immigrés ont toujours de mauvais résultats.

FAUX. Leur réussite varie considérablement selon les pays : en Australie, au Canada et en Nouvelle-Zélande, ils réussissent aussi bien que les autres élèves. En Suède et au Canada, les élèves immigrés de la seconde génération ont même de bien meilleurs résultats que les élèves du pays. Malheureusement, dans de nombreuses autres régions étudiées, les élèves issus de l'immigration ne réussissent pas aussi bien que les autres.

Les immigrés qui éprouvent des difficultés à l'école seront confrontés plus tard à des défis majeurs.

VRAI. Dans la plupart des régions étudiées, environ un quart des élèves issus de l'immigration ont un faible niveau en mathématiques – soit nettement plus que les autres élèves –, ce qui risque de les handicaper sérieusement lorsqu'ils chercheront du travail.

La langue explique seulement en partie les difficultés rencontrées à l'école par les enfants issus de l'immigration.

VRAI. La langue n'est pas le seul facteur en cause, même si elle joue un rôle significatif dans un certain nombre de pays, notamment en Allemagne, aux États-Unis, au Canada et en Belgique.

Il est essentiel de favoriser la maîtrise de la langue du pays.

VRAI. Même si les données de PISA ne donnent pas de chiffres précis, il est clair que les systèmes de soutien bien implantés, comme il en existe en Australie, au Canada ou en Suède, profitent aux élèves immigrés. Davantage de pays mettent aujourd'hui en place de tels systèmes, ce qui devrait contribuer à combler les manques scolaires des élèves immigrés lorsqu'ils en ont.

musées. Le but est de développer des aptitudes, d'ordre social et entrepreneurial, par exemple, qui aideront l'enseignant à mieux comprendre ce que la société attend de l'école. Point capital, ces programmes, dont la durée peut aller jusqu'à un an, sont également offerts aux enseignants expérimentés : ils peuvent ainsi mieux appréhender la perception que la société dans son ensemble a du corps enseignant, des écoles et de leur profession; de retour à l'école, ils sont incités à discuter de leur expérience avec leurs collègues.

... et de meilleures écoles

Ironiquement, le processus de partage de l'information, qui constitue la pierre angulaire de la relation enseignant-élève, fait souvent défaut entre les enseignants. Les écoles ne sont généralement pas à jour en matière de « gestion du savoir » – dans le jargon d'entreprise, l'expression désigne le processus souvent informel consistant à partager les connaissances, les points de vue et les expériences au sein de l'entreprise. Or, le partage de l'information encourage les individus et les groupes à déterminer ce qui marche et ce qui ne marche pas dans le but d'être plus efficaces.

Il est vrai que beaucoup d'enseignants interagissent principalement avec leurs élèves, ce qui leur laisse peu de temps pour parler et travailler directement avec leurs collègues. La réalité est très différente dans le monde de l'entreprise, où beaucoup pensent qu'il est vital de devenir une « organisation apprenante » (encore du jargon), autrement dit d'échanger des informations et des points de vue afin de prendre de meilleures décisions. Certains pays de l'OCDE ont adopté cette approche afin que les écoles tirent des leçons similaires.

L'évaluation formative

Beaucoup de pays encouragent également l'introduction en classe d'innovations plus fondamentales. Pour voir ces mesures à l'œuvre, retournons aux Compagnons-de-Cartier, une école canadienne où l'on utilise beaucoup **l'évaluation formative**. Cette approche repose sur un éventail de techniques permettant d'évaluer de façon régulière et systématique l'apprentissage des élèves et d'adapter ainsi en permanence les cours pour répondre précisément à leurs besoins. (À l'inverse, le traditionnel examen de fin d'année, ou **évaluation sommative**, révèle seulement ce que les élèves ont appris.)

Il existe plusieurs approches d'évaluation formative. Aux Compagnons-de-Cartier, par exemple, les enseignants passent beaucoup de temps à préparer leurs cours et à fixer des objectifs, mais ils ont avec leurs élèves des relations plus informelles et moins structurées que dans une classe traditionnelle. L'apprentissage des élèves se fait en grande partie à travers des travaux de groupe et des projets interdisciplinaires. Un projet portait, par exemple, sur les origines du conflit israélo-palestinien : tient-il essentiellement à des différences religieuses ou à l'enjeu que constitue l'eau, une ressource rare dans la région? Pour répondre à cette question, les élèves devaient effectuer des recherches sur des sujets tels que la géographie, les religions et l'histoire.

> **« L'ambiance de la classe évoque plutôt celle d'une salle de rédaction ou d'un bureau d'entreprise. On parle beaucoup, mais généralement de manière très disciplinée. »**
>
> *L'évaluation formative :*
> *Pour un meilleur apprentissage dans les classes secondaires*

Avant de mettre en œuvre de tels projets, les enseignants doivent passer beaucoup de temps à préparer les élèves. Ils les aident à comprendre quels sont les critères d'un bon travail, comment on évalue son propre travail et celui de ses pairs de façon constructive, et comment on développe des aptitudes qui permettent d'« apprendre à apprendre », comme le *brainstorming*. Les élèves sont alors en mesure d'examiner le travail des membres de leur équipe en se posant mutuellement des questions qui permettent à chacun de donner des explications plus détaillées ou de clarifier les points nébuleux. Et cela se déroule aussi en partie hors de la classe : chaque élève emporte à la maison son ordinateur portable et l'utilise pour communiquer avec les autres. (L'utilisation de l'ordinateur n'a cependant rien d'obligatoire en formation évaluative.)

Tous les neuf jours, les élèves consignent dans un rapport écrit ce qu'ils ont appris et l'enseignant leur répond dans un journal de bord ou portfolio. À la lumière de ces rapports et des retours de l'enseignant, les élèves déterminent ce qu'ils auraient pu faire différemment et ajustent leur stratégie d'apprentissage pour l'avenir. Les élèves maîtrisent ainsi réellement leur façon d'apprendre. Ils acquièrent également une bonne compréhension de ce processus, tout en étant conscients qu'ils doivent se l'approprier. « Je regarde systématiquement mon bulletin et je me dis : oui, c'est là-dessus que je vais travailler dans les mois qui viennent. Les critères aident véritablement à voir où agir pour s'améliorer », dit un élève. « En comparaison avec mon ancien établissement, je tire ici une plus grande fierté du travail que j'accomplis : il ne s'agit pas de notes, mais du résultat de notre travail pendant les projets », confie une autre élève.

Si l'évaluation formative – un des sujets les plus en vue en matière d'éducation aujourd'hui – peut prendre plusieurs formes, elle répond toujours aux caractéristiques suivantes : elle est **systématique** et jamais laissée au hasard; elle fixe des **objectifs d'apprentissage** dont elle **mesure** en permanence la progression; elle **implique activement** les élèves dans le processus d'apprentissage; elle encourage les échanges ente les élèves et leur professeur, et entre les élèves entre eux; elle repose sur la **diversité** des modes d'apprentissage des élèves et de la façon de les évaluer; enfin, elle permet une **réactivité** et fournit des instructions adaptées aux besoins individuels de chaque élève.

> **« Quand l'évaluation formative fait partie du cadre pédagogique, les enseignants modifient la façon dont ils interagissent avec leurs élèves. Ils changent aussi la manière dont ils créent des situations d'apprentissage et orientent les élèves vers leurs objectifs d'apprentissage. Ils peuvent même changer de regard sur la réussite des élèves. »**
>
> *Les synthèses de l'OCDE : L'évaluation formative*

Et cela fonctionne. Les recherches montrent que de telles méthodes peuvent être formidablement efficaces. Pour citer un ouvrage consacré par l'OCDE à l'évaluation formative dans plusieurs pays, ce « pourrait être l'une des interventions les plus opérantes sur les performances des élèves jamais étudiée ».

Alors, pourquoi ne recourt-on pas plus souvent en classe à de telles innovations? Entre autres, parce qu'il n'est pas toujours facile pour les enseignants de concilier l'évaluation formative et les examens traditionnels, qui constituent toujours un enjeu majeur. Pour le meilleur ou pour le pire, dans de nombreux pays, les examens de type sommatif continuent de déterminer les perspectives des élèves en matière d'étude et d'emploi. D'où parfois une forte pression sur les enseignants pour qu'ils se focalisent exclusivement sur les aptitudes et les connaissances nécessaires pour réussir l'examen. Pourtant, à condition qu'ils aient une formation adéquate, rien n'empêche en principe les enseignants d'intégrer l'évaluation formative, du moins certains de ses aspects, dans des systèmes préparant les élèves à des examens sommatifs.

Comment accroître la portée de l'éducation?

Quel que soit le nombre de changements apportés en classe, certains jeunes décident malgré tout que l'école n'est pas faite pour eux. Kanako Mizoguchi, une élève japonaise, a ainsi choisi, à 14 ans, de rester dans sa chambre. « J'ai encore du mal à l'expliquer, dit-elle à un journaliste, mais j'avais l'impression de devenir invisible, comme si j'avais été effacée. Je pensais vraiment que j'étais sur le point d'exploser et de faire quelque chose de mal. » Kanako a passé les cinq années suivantes enfermée dans sa chambre – un exemple du phénomène de retrait social, connu au Japon sous le nom de *hikikomori*.

Le cas de Kanako est extrême, mais il est représentatif d'un groupe plus large de jeunes gens qui, pour toutes sortes de raisons (psychologiques, sociales, culturelles), rejettent à la fois l'éducation et le monde du travail : les NEET *(Not in education, employment or training)*, comme on les appelle en anglais. D'où une inquiétude croissante pour ces jeunes, au Japon, mais aussi dans beaucoup de pays de l'OCDE.

Dans les pays développés, environ 80 % des jeunes terminent leurs études secondaires et 20 % abandonnent avant la fin. Ce noyau dur semble relativement immuable, quelle que soit l'ampleur

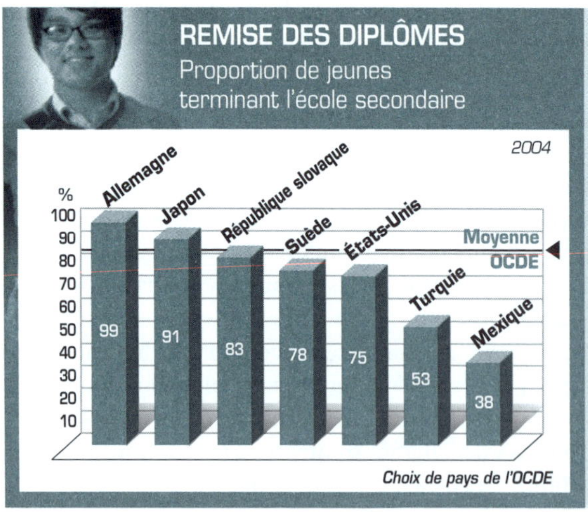

Dans les pays de l'OCDE, la plupart des jeunes – environ quatre sur cinq – terminent l'école secondaire. Cependant, un nombre significatif d'élèves n'y parviennent pas, ce qui peut gravement nuire à leurs perspectives d'emploi.

Pour consulter les données portant sur les pays de l'OCDE et les pays partenaires, utilisez le StatLink ci-dessous.

Source : Regards sur l'éducation, 2006.

StatLink : *http://dx.doi.org/10.1787/081086033000*

prise par l'éducation. « *Je suis convaincu que c'est une des raisons du vaste regain d'intérêt des ministres de l'Éducation pour l'enseignement professionnel* », confie Greg Wurzburg de l'OCDE.

Selon Wurzburg, les écoles professionnelles, dont la vocation est de préparer les jeunes à un métier particulier tel que la menuiserie, ont décliné dans de nombreux pays. « L'éventail des centres d'intérêt et des capacités des élèves s'est élargi, alors que l'éventail des choix d'apprentissage a diminué en raison du discrédit dont souffre l'enseignement professionnel dans certains pays. »

Les gouvernements essaient bien de remettre en selle l'enseignement professionnel, mais les résultats sont parfois controversés. Après les émeutes de l'automne 2005, le gouvernement français a annoncé son intention d'autoriser l'apprentissage dès l'âge de 14 ans. « L'objectif du gouvernement n'est pas vraiment de leur donner du travail, mais de les tirer d'un système scolaire où ils connaissent l'échec », a déclaré Bernard Hugonnier, de l'OCDE, à l'*International Herald Tribune*. « Je vais être franc : le but est de les empêcher de descendre dans la rue. » Toutes les initiatives ne sont pas aussi critiquées. Certains pays mettent au point des formules d'apprentissage qui permettent aux jeunes d'apprendre sur le tas, souvent en allant à l'école à temps partiel.

> **« En mettant davantage l'accent sur des programmes courts, on pourrait mieux faire concorder les intérêts des étudiants et les besoins du marché du travail. »**
>
> *La nouvelle économie : mythe ou réalité*

L'apprentissage en alternance peut être une source d'inspiration pour l'enseignement supérieur, comme en témoigne la création d'établissements d'enseignement privilégiant le concret plutôt que le théorique. La Hongrie a ainsi mis en place, à la fin des années 90, un programme d'enseignement de courte durée qui répond aux besoins de l'industrie. Le Mexique, quant à lui, a créé des universités à vocation professionnelle offrant un cursus de deux ans qui cible les besoins du marché du travail.

De telles approches seront de plus en plus pertinentes : la capacité de gagner sa vie dépend en effet chaque jour davantage du capital humain. D'où la nécessité pour nos sociétés de satisfaire, en matière d'éducation, les besoins de *tous* les jeunes et pas seulement des premiers de la classe. Ne pas le faire risquerait d'accroître les inégalités sociales et de ralentir la croissance économique.

POINT DE VUE Janet Cohen

Pourquoi les élèves finlandais âgés de 15 ans ont-ils de si bons résultats aux tests internationaux? Pour le savoir, Janet Cohen, journaliste de la BBC pour l'émission The World Tonight, est allée enquêter en Finlande. Voici quelques morceaux choisis.

Janet Cohen : Nous sommes dans le centre-ville d'Helsinki et il est 8 heures du matin. À l'école Arabia, c'est l'heure de jouer au hockey pour ces enfants, âgés entre 7 et 16 ans, qui vivent pour la plupart dans le quartier. Mikko Autio, leur professeur, les encadre. Pourquoi commencer la journée par du sport?

Mikko Autio : C'est très important, vous savez. Après avoir fait du sport, les élèves retournent en classe frais et dispos, et bien réveillés pour étudier.

J.C. : L'effort en vaut la chandelle. Les élèves finlandais sont parmi les meilleurs au monde en mathématiques, en lecture et en résolution de problèmes, aux côtés des élèves coréens et japonais. Plus significatif encore, très peu d'élèves décrochent et les enfants issus de milieux défavorisés font presque aussi bien que les élèves venant de milieux plus aisés. Quel est le secret? Selon Kaisu Kärkkäinen, la directrice de l'école Arabia, la réponse est simple.

Kaisu Kärkkäinen : Le secret? Il tient en trois mots : les enseignants, les enseignants et les enseignants. C'est le plus important. Et nous prenons aussi soin des élèves qui ont des besoins particuliers, nous leur consacrons beaucoup d'heures d'enseignement.

J.C. : En haut, dans la classe de Mikko Autio, les élèves travaillent sur des projets portant sur la culture nordique : cela va des écrivains aux parcs d'attraction. Il existe bien un programme national en Finlande, mais les enseignants britanniques seraient stupéfaits de la liberté dont les professeurs jouissent ici.

M. Autio : Je ne suis pas de programme hebdomadaire. S'il y a une matière dans laquelle nous devons faire plus, par exemple les mathématiques, eh bien nous y consacrons parfois la journée entière. Et de temps en temps, quand nous voulons aller skier toute la journée, ça ne pose pas de problème.

J.C. : En bas, dans la classe d'anglais, ces élèves de 14 ans s'interviewent les uns et les autres à propos de leurs passe-temps. Ils étudient la grammaire, mais l'accent est mis sur ce qui les intéresse. Ils sont évalués, mais de façon discrète : pas de test d'aptitude scolaire, pas de classement et pas de notes avant 15 ans, et pas de visite d'inspection non plus. Selon Riitta Severinkangas, qui enseigne l'anglais, les enseignants sont maîtres à bord.

Riitta Severinkangas : On nous accorde une grande confiance en tant que professionnels et nous sommes très autonomes. Donc, je peux être créative… si je le veux.

J.C. : Dans l'ensemble, les classes de niveaux hétérogènes constituent la règle. Bien sûr, le système n'est pas infaillible. Les quelques élèves qui ont des besoins particuliers se retrouvent dans une petite classe qui leur est réservée… Si un enfant rencontre des problèmes, on ajoute un professeur dans la classe et l'enfant bénéficie d'un programme individualisé conçu par l'équipe de soutien de l'école, composée de psychologues et de travailleurs sociaux. De plus, tous les enseignants sont formés pour répondre à ces besoins particuliers. Eine Liinanki enseigne dans cette classe.

Eine Liinanki : Les enseignants finlandais ont un très haut niveau de formation et le gouvernement a fait beaucoup d'efforts pour créer ce système et le faire fonctionner.

J.C. : En Finlande, tous les enseignants sont titulaires d'un mastère. Ce qui peut signifier jusqu'à six ans d'études, gratuites qui plus est. Rien d'étonnant que cela attire les étudiants, mais seulement 13 % sont admis… La profession a du prestige, et c'est enraciné dans l'histoire du pays selon Patrik Scheinin, professeur d'éducation à l'université d'Helsinki.

Patrik Scheinin : L'église a joué un rôle important en matière de lecture en Finlande. Pour pouvoir vous marier, vous deviez être capable de lire quelque chose dans la Bible. C'était très motivant. Plus tard, le mouvement national finlandais a utilisé cet atout pour permettre aux Finlandais de créer leur propre littérature, leur système scolaire et leur système de formation des enseignants afin que le pays devienne un État indépendant. Depuis, les enseignants sont des sortes de héros nationaux.

J.C. : Les enseignants sont donc aux commandes. En Finlande, il y a un enseignant pour 14 enfants, contre un enseignant pour 20 enfants au Royaume-Uni.

L'objectif? Éliminer la possibilité de l'échec. Les cyniques disent que cette compétence généralisée s'obtient aux dépens de l'excellence. Mais les arguments en faveur des notes et d'un programme scolaire plus centralisé ont du mal à se faire entendre : les comparaisons internationales sont en effet plus qu'élogieuses pour la Finlande et, surtout, le pays a foi en ses enseignants.

Pour en savoir plus

➤ **Regards sur l'éducation** *(rapport annuel)*
Dans tous les pays de l'OCDE, les gouvernements s'efforcent d'améliorer l'efficacité de leur système éducatif, tout en cherchant des ressources supplémentaires pour répondre à des besoins de formation en constante évolution. *Regards sur l'éducation* permet d'évaluer la performance de chaque pays grâce à une batterie d'indicateurs actualisés et comparables.
L'ouvrage examine les acteurs de l'éducation, les dépenses qui lui sont affectées et le fonctionnement des systèmes éducatifs. Il analyse également les résultats obtenus dans des domaines allant de la comparaison des performances des élèves dans des disciplines fondamentales, à l'analyse de l'impact de la formation sur les revenus et les possibilités d'emploi à l'âge adulte.

➤ **Apprendre aujourd'hui, réussir demain : Premiers résultats de PISA 2003** *(2004)*
Les élèves sont-ils préparés à relever les défis de demain? Sont-ils capables d'analyser, de raisonner et de communiquer leurs idées efficacement? Sont-ils prêts à apprendre tout au long de leur vie? Voici quelques-unes des questions que ne cessent de se poser parents, élèves et responsables des systèmes éducatifs. *Apprendre aujourd'hui, réussir demain* présente les premiers résultats du cycle d'évaluation PISA 2003. Au-delà des mathématiques, des sciences et de la lecture – les principaux domaines évalués –, l'ouvrage met en lumière les facteurs qui permettent de concilier équité et hauts niveaux de performance. *Apprendre aujourd'hui, réussir demain* fait partie de la riche collection d'ouvrages que l'OCDE consacre au programme PISA.

➤ **Le rôle crucial des enseignants : Attirer, former et retenir des enseignants de qualité** *(2005)*
Quelles sont les tendances et les évolutions de la profession enseignante dans le monde? Comment attirer, former et retenir, des enseignants de qualité? Quelles sont les politiques et les pratiques novatrices couronnées de succès? Quelles sont les solutions les plus prometteuses? *Le Rôle crucial des enseignants* offre une analyse approfondie de l'ensemble de ces questions en dressant l'état des lieux dans 25 pays et en donnant des exemples de mesures qui ont fait leurs preuves. Un livre indispensable à l'heure où la plupart des pays font face à des problèmes de vieillissement du corps enseignant et à la nécessité d'attirer de nouvelles recrues.

➤ **L'évaluation formative : Pour un meilleur apprentissage dans les classes secondaires** *(2005)*
L'évaluation formative – peut-être « l'une des interventions les plus opérantes sur les performances des élèves jamais étudiée » – consiste à évaluer fréquemment les élèves pour déterminer leurs besoins et adapter la pédagogie en conséquence. Si beaucoup d'enseignants intègrent déjà dans leur pratique divers aspects de l'évaluation formative, il est moins fréquent qu'elle soit appliquée de façon systématique. Pour montrer comment on peut la mettre concrètement en pratique, *L'Évaluation formative* présente des études de cas représentatifs, observés dans des établissements d'enseignement secondaire de plusieurs pays.

L'ouvrage ci-dessous est également mentionné dans ce chapitre :

➤ La nouvelle économie : mythe ou réalité? Le rapport de l'OCDE sur la croissance.

5

Apprendre à tout âge

Le vieillissement démographique va entraîner un déséquilibre entre les générations : il y aura de moins en moins d'actifs pour prendre en charge un nombre croissant de retraités. Résultat, beaucoup d'entre nous devront donc travailler plus longtemps. À cela, une condition : supprimer les obstacles qui empêchent les adultes de parfaire leurs compétences et leur éducation.

En guise de préambule...

Avec son short bleu et ses chaussettes grises, Kimani Nganga Maruge ressemble à tous les autres écoliers kenyans. À un petit détail près : il est octogénaire. Il y a quelques années, à l'âge où même les retraités les plus dynamiques commencent à lever le pied, il a décidé d'apprendre à lire et à écrire. Lorsque l'enseignement primaire est devenu gratuit au Kenya, M. Maruge a sorti un de ses pantalons, l'a coupé aux genoux pour s'en faire un short et s'est tranquillement dirigé vers l'école la plus proche. Jane Obinchu, la directrice de l'école, a d'abord cru à une plaisanterie, puis elle a décidé de lui donner sa chance.

« Nous pensions qu'il viendrait pendant une semaine puis abandonnerait », confie Mme Obinchu à un journaliste, « mais il a persévéré ». M. Maruge veut apprendre à lire afin de pouvoir étudier la Bible par lui-même, mais il s'intéresse aussi aux mathématiques. « Je veux apprendre les mathématiques pour pouvoir compter mon argent », explique-t-il. Cet ancien combattant, dans les années 50, de la guerre d'indépendance du Kenya, espère en effet recevoir une pension du gouvernement. En 2005, touchées par son histoire, les Nations unies l'ont invité à évoquer les bénéfices de l'éducation devant un vaste auditoire à New York. Le message de M. Maruge tient en quelques mots : « On n'est jamais trop vieux pour apprendre. »

Cela n'a jamais été aussi vrai qu'aujourd'hui, que vous soyez un grand-père de 85 ans au Kenya, un manager de 55 ans à Kyoto ou un diplômé de 25 ans au Kansas. Dans un monde où la valeur économique de l'éducation s'accroît sans cesse, personne ne peut se permettre d'arrêter le développement de son capital humain le jour où il quitte l'école ou l'université.

L'éducation des adultes n'est pas seulement une question d'efficacité professionnelle. Dans de nombreux pays, les individus sont appelés à se prendre en main dans des domaines où l'État a longtemps été le principal, voire le seul, pourvoyeur : retraite, scolarité des enfants, soins médicaux, etc. Et pour faire les bons choix, ils doivent rester au fait des évolutions et des changements qui bouleversent leur quotidien. Sans négliger le plaisir d'apprendre, aujourd'hui à la portée d'un plus grand nombre de personnes grâce à l'augmentation de l'espérance de vie.

▶ Dans ce chapitre consacré à l'enseignement destiné aux adultes, nous verrons qui en sont les bénéficiaires et les laissés-pour-compte. Puis nous étudierons les obstacles qui empêchent les adultes de développer leurs connaissances et leurs aptitudes. Enfin, nous examinerons comment les individus, les employeurs et les gouvernements peuvent surmonter ces difficultés.

Pourquoi continuer à apprendre?

Nous vieillissons non seulement en tant qu'individus, mais aussi en tant que sociétés. Dit plus crûment, les pays développés prennent un coup de vieux sous l'effet combiné de la chute du taux de natalité et de l'augmentation de l'espérance de vie. Résultat, à l'avenir, nos sociétés reposeront financièrement sur une proportion d'actifs de plus en plus faible.

Il n'est donc pas surprenant que beaucoup de gouvernements encouragent les individus à travailler plus longtemps. Mais jusqu'à quel âge? Selon Shripad Tuljapurkar, un chercheur de l'université de Stanford, l'âge de la retraite pourrait passer à 85 ans d'ici au milieu du XXIe siècle si l'espérance de vie continue d'augmenter grâce aux progrès de la médecine.

La perspective n'a peut-être rien de réjouissant au premier abord, mais travailler quelques années de plus n'est pas forcément une mauvaise chose. Les statistiques montrent malheureusement que les personnes qui partent tôt à la retraite disparaissent parfois prématurément. Selon une étude menée dans l'entreprise Shell Oil, les personnes qui prennent leur retraite à 55 ans ont presque deux fois plus de risques de mourir dans les 10 ans qui suivent que celles qui travaillent jusqu'à 60 ou 65 ans. (Cette étude tenait compte, dans une certaine mesure, de la probabilité que ces jeunes retraités soient en mauvaise santé.) Même si nous ne sommes pas toujours prêts à le reconnaître, le bonheur et le bien-être dépendent parfois du travail.

Si nous devons travailler plus longtemps, nous devons aussi continuer à mettre à jour nos compétences, notre éducation et nos aptitudes – notre capital humain – tout au long de notre vie. Après tout, quiconque travaille encore après 65 ans a achevé sa formation initiale il y a plus de 40 ans. Beaucoup d'eau a coulé sous les ponts depuis.

Si vous n'êtes pas convaincu, pensez à tout ce qui a changé depuis 40 ans. Dans les années 60, la discrimination à l'égard des femmes était chose courante dans le monde du travail, les ordinateurs de bureau ne couraient pas les rues et Internet n'était qu'un rêve de chercheurs avant-gardistes. Songez maintenant à tout ce qui va changer dans les 40 ans à venir. À l'évidence, nous devrons en permanence mettre à jour notre capital humain si nous voulons rester compétents dans notre travail.

COUP DE VIEUX

Ratio retraités-personnes actives

La proportion des retraités par rapport aux actifs augmente. Au Japon, par exemple, il y aura en 2020 un peu plus de 50 retraités pour 100 actifs, contre un peu moins de 27 en 2000.

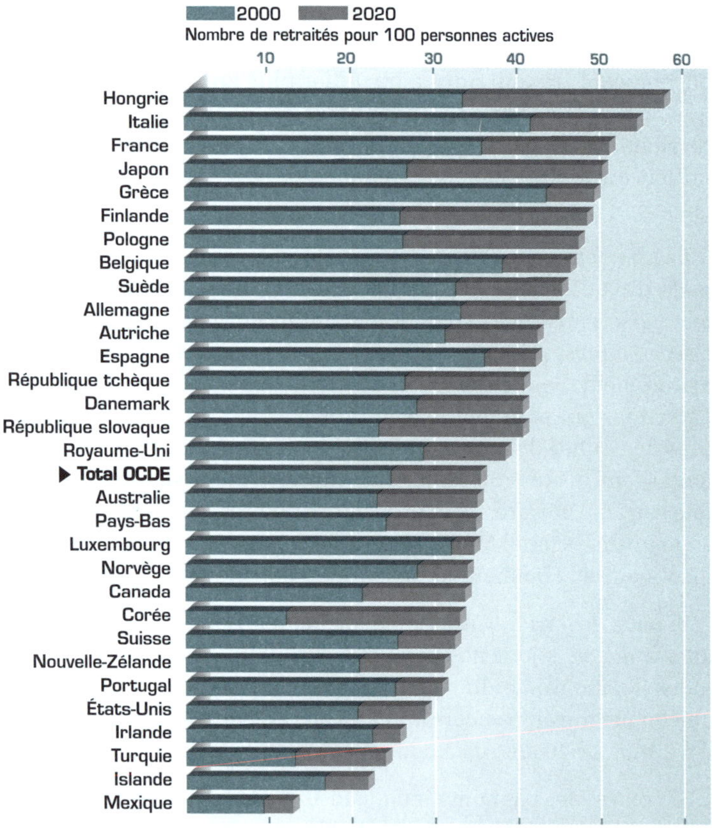

Tous les pays de l'OCDE sont confrontés au vieillissement de leur population. À l'avenir, un nombre de plus en plus grand de retraités dépendra financièrement d'un nombre de plus en plus faible de personnes actives. Il est donc logique que les gouvernements des pays développés encouragent les individus à travailler plus longtemps.

Pour consulter les données en format Excel®, utilisez le StatLink ci-dessous.

Source : Panorama des statistiques de l'OCDE 2006.

StatLink: *http://dx.doi.org/10.1787/633030857717*

Se remettre à niveau

C'est vrai pour tout le monde, en particulier pour ceux qui ont raté le premier wagon de l'éducation. Même si les taux de « littératie » et d'aptitude au calcul ont augmenté dans la zone OCDE, la plupart de ces pays comptent une proportion, parfois importante, d'adultes qui maîtrisent mal la lecture, l'écriture et les notions élémentaires en mathématiques. Selon une étude menée par l'OCDE, au moins un quart des adultes dans les pays étudiés ne parviendrait pas à décoller des niveaux les plus faibles en lecture. Beaucoup sont cantonnés à des emplois peu qualifiés, exigeant de faibles niveaux d'éducation et exposés à un risque élevé de délocalisation dans des pays où la main-d'œuvre est moins chère.

L'essor de l'enseignement secondaire et de l'enseignement supérieur (ou tertiaire) rend la situation des travailleurs peu qualifiés plus difficile encore. Non seulement beaucoup d'emplois sont aujourd'hui plus complexes et supposent des compétences élémentaires en « littératie » et en aptitude au calcul, mais les employeurs exigent de plus en plus des candidats un niveau de formation minimal, même s'il n'est pas nécessaire pour l'emploi offert (voir, chapitre 2, la notion de « diplômanie »).

Quelle qu'en soit la raison, tout indique que les revenus des personnes peu qualifiées ne suivent pas ceux du reste de la population. Pour preuve, depuis les années 80, les écarts de salaires selon le niveau d'éducation ne cessent d'augmenter dans de nombreux pays de l'OCDE.

> **« … la progression de la demande d'enseignement tertiaire n'a peut-être pas bénéficié aux personnes issues de milieux sociaux défavorisés et risque même d'avoir aggravé la situation des personnes peu qualifiées vis-à-vis de l'emploi. »**
>
> *Du bien-être des nations*

Certains analystes vont jusqu'à affirmer que les inégalités salariales n'opposent pas les diplômés de l'enseignement supérieur et les autres, mais ceux qui sont au sommet de l'échelle des salaires et tous les autres individus. Selon les chiffres donnés par l'économiste américain Paul Krugman, les revenus des 10 % d'Américains les plus riches ont augmenté de 34 % entre 1972 et 2001, et ceux des 0.01 % les plus riches de 497 %. Krugman n'est pas le seul à penser que l'apparition d'une minuscule élite immensément riche

PANORAMA Gagnants et perdants

« Licenciements massifs dans les usines canadiennes : le dollar est trop fort et les importations chinoises trop bon marché »; « Telstra prévoit de délocaliser 425 emplois de plus en Inde »; « Le Crédit suisse délocalise encore 5 000 emplois dans les pays de l'Est ».

Les médias nous rappellent régulièrement à quel point les emplois des pays développés sont menacés par les importations bon marché des pays à bas salaires. En guise de réponse, les gouvernements des pays développés soutiennent qu'il faut miser sur les emplois haut de gamme et que les travailleurs doivent accroître leurs compétences et leur niveau d'éducation – leur capital humain – pour pouvoir les occuper.

Rares sont ceux qui ne militent pas en faveur de l'éducation des adultes. Mais quel sera l'impact de la concurrence mondiale sur l'emploi? Il sera bel et bien réel, mais sans doute pas de l'ampleur prévue.

Qu'en est-il de la concurrence des importations bon marché? Selon une étude de l'OCDE portant sur la moitié de ses pays membres, elle constituerait une menace sérieuse pour seulement 4 % environ des emplois manufacturiers, mais ferait aussi peser un risque certain sur 20 % d'entre eux. Comme les entreprises ferment leurs portes ou licencient pour toutes sortes de raisons, on ne peut pas toujours attribuer avec certitude la disparition d'un emploi à la mondialisation des échanges. Il est cependant clair que les emplois du secteur manufacturier sont, plus que beaucoup d'emplois tertiaires, exposés à un risque particulier.

Les travailleurs du secteur manufacturier peuvent avoir un niveau d'éducation relativement faible et être relativement âgés. D'où leur difficulté à retrouver un emploi aussi bien payé après un licenciement. C'est particulièrement vrai aux États-Unis où les salariés qui ont perdu leur emploi à cause de la concurrence internationale voient leur salaire amputé de 13 % en moyenne lorsqu'ils sont de nouveau embauchés. En Europe, ils retrouvent en moyenne un niveau de salaire équivalent, même si celui-ci diminue de près d'un tiers dans un nombre significatif de cas – environ 8 %. Quant au risque de chômage de longue durée, il est plus grand pour ces travailleurs en Europe qu'aux États-Unis.

Les pertes d'emploi et les baisses significatives de revenus peuvent avoir un effet désastreux, surtout pour les individus dont les revenus étaient déjà faibles. Demander à ces personnes de mettre à jour leurs compétences sera évidemment insuffisant. Les gouvernements, les employeurs et les syndicats devront les aider activement à s'adapter aux changements. En Europe, par exemple, la Commission européenne a proposé de créer un Fonds européen d'ajustement à la mondialisation dans le but d'aider la réinsertion et la reconversion professionnelle de 30 000 à 50 000 travailleurs par an. Et dès les années 60, les États-Unis ont pour leur part mis en œuvre le programme *Trade Adjustment Assistance*, avec des résultats cependant limités.

Malgré les pertes d'emplois dues à la mondialisation, beaucoup d'observateurs pensent que les bénéfices de la libéralisation des échanges l'emportent sur ses inconvénients, et qu'elle peut même contribuer à la création d'emplois. À tout le moins, disent-ils, les statistiques ne révèlent aucun lien systématique entre la libéralisation des échanges et les pertes d'emplois massives.

Paradoxalement, le danger vient parfois moins de la mondialisation elle-même que de sa perception. Selon l'*Association for Computing Machinery*, beaucoup de jeunes Américains risquent ainsi de délaisser les études en informatique parce qu'ils croient, à tort, qu'elles n'ont pas d'avenir aux États-Unis. « Un grand nombre d'élèves du secondaire et de parents croient que c'est terminé et que tous les emplois liés à l'informatique partent à l'étranger, déclare le professeur Bill Patterson à un journaliste, et cette perception erronée est extraordinairement répandue. »

constitue un risque pour la cohésion sociale. Cependant, d'autres soutiennent que, même si les revenus des plus riches s'accroissent rapidement, ceux des diplômés de l'enseignement supérieur continueront à être bien plus élevés, en termes relatifs, que ceux des personnes qui n'ont pas achevé leurs études secondaires.

L'enseignement destiné aux adultes peut-il aider les personnes les moins instruites? Sans doute, mais pas toujours autant que nous le souhaiterions. On peut en effet comparer l'apprentissage à vie à la construction d'une maison : avec de bonnes fondations, elle a toutes les chances de rester en bon état pendant des années; mais si les fondations sont mauvaises, elle ne tiendra debout qu'au prix de réparations. Quoi qu'il en soit, l'enseignement destiné aux adultes apporte des bénéfices bien réels qu'il est utile de rechercher.

Quels sont les obstacles à l'apprentissage des adultes?

La proportion d'adultes qui suivent une formation ou une forme d'enseignement en lien avec leur emploi varie considérablement selon les pays de l'OCDE. Plus de 40 % des travailleurs en bénéficient chaque année aux États-Unis, au Danemark, en Suède et en Suisse, contre seulement 10 % en Grèce, en Italie, en Hongrie et en Espagne.

Plus significatif encore, il existe de grandes inégalités en matière de formation *au sein* des pays de l'OCDE. Pour résumer, ce sont les personnes qui ont le plus besoin de formation qui n'en bénéficient pas. « Plus vous êtes vieux et moins vous êtes susceptible de recevoir une formation », explique Raymond Torres de l'OCDE. « Moins vous êtes instruit, moins vous avez de chances d'en bénéficier. Et les chances de recevoir une formation sont également plus faibles pour un employé lambda que pour un manager. »

Les avantages de la jeunesse

Ce sont les jeunes adultes qui reçoivent le plus de formations. Mais pourquoi? Il y a plusieurs explications. Tout d'abord, beaucoup d'entre eux poursuivent leur formation professionnelle tout en travaillant. S'ils n'ont pas encore de famille à charge, ils disposent également de plus de temps libre et ont moins de contraintes professionnelles et familiales que les travailleurs plus âgés – un obstacle majeur à la formation de ces derniers.

Autre facteur important, les jeunes adultes ont habituellement un niveau d'éducation plus élevé que les personnes plus âgées. Cet écart en matière de formation initiale tient au fait que, dans beaucoup de pays de l'OCDE, les personnes plus âgées ont achevé leur scolarité avant que le deuxième cycle d'enseignement secondaire et l'enseignement supérieur ne se démocratisent. En Irlande, par exemple, environ 75 % des adultes de moins de 34 ans ont achevé leurs études secondaires, contre moins de 40 % des personnes autour de 55 ans. Or, plus vous êtes instruit au départ, plus vous avez de chances de continuer à recevoir une formation formelle.

L'âge peut aussi constituer un obstacle chez les personnes qui s'estiment trop vieilles pour bénéficier d'une formation, une vision des choses parfois partagée par les employeurs et confortée par les dures réalités de l'économie. L'enseignement destiné aux adultes constitue en effet un investissement plus rentable s'il bénéficie à un jeune adulte – ou à son employeur – plutôt qu'à une personne proche de l'âge de la retraite.

QUI REÇOIT UNE FORMATION ?

Proportion d'individus recevant une formation destinée aux adultes, selon le niveau d'éducation

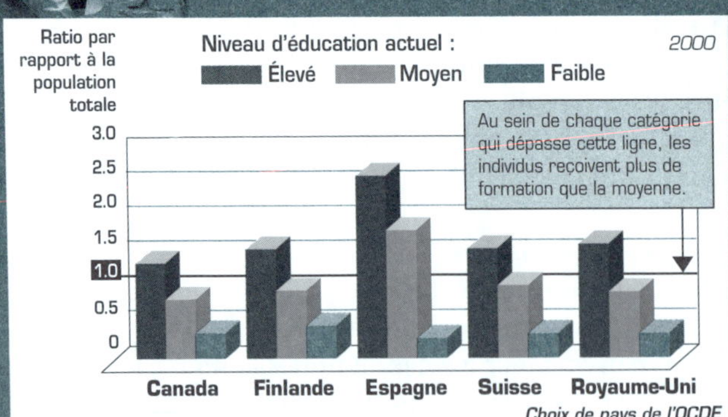

Plus un adulte est instruit, plus il a de chances de suivre une formation. Autrement dit, les inégalités en matière d'éducation parmi les employés risquent de s'accroître avec le temps.

Source : Au-delà du discours : Politiques et pratiques de formation des adultes.

Les avantages de l'ancienneté

L'ancienneté joue aussi un rôle important au sein des entreprises : plus on a un poste élevé, plus on a de chances de recevoir une formation. Du point de vue de l'employeur, cela peut se comprendre. En formant ses cadres supérieurs, il fait un investissement qui se rentabilisera en termes de productivité et d'expertise. En revanche, former les employés les moins qualifiés peut être considéré essentiellement comme un coût si l'employeur estime que leur travail exige peu de connaissances et qu'ils peuvent à tout moment quitter l'entreprise, d'où le risque de ne pas amortir l'investissement.

De la même façon, les travailleurs non qualifiés sont moins susceptibles de demander une formation, en partie sans doute parce qu'ils ne sont pas pleinement conscients des avantages financiers qu'ils pourraient en tirer. D'où le sentiment fréquent, chez les personnes les moins qualifiées, d'être prises au piège, un piège auquel elles ont pourtant en partie contribué. Ces personnes ne peuvent progresser au sein de l'entreprise qu'en suivant une formation, mais leur manque de formation initiale n'incite pas l'employeur à la leur accorder. Que faire pour les tirer de ce cercle vicieux?

Comment surmonter les obstacles à l'apprentissage des adultes?

Pourquoi trop peu d'adultes suivent-ils une formation? Pour résoudre ce mystère, partons des trois éléments clés que les écrivains gardent toujours à l'esprit lorsqu'ils imaginent des romans policiers : le mobile, les moyens et l'occasion.

Dans le cas de l'apprentissage à vie, le **mobile** renvoie à toutes les raisons qui incitent les adultes à continuer à apprendre, ainsi qu'aux moyens d'accroître leur motivation. Pour ce qui est des **moyens** ou de l'argent, la question est de savoir qui paie leur apprentissage. Enfin, comment peut-on donner aux adultes l'**occasion** d'apprendre?

Le mobile : comment encourager les adultes à poursuivre leur apprentissage ?

Personne n'investira dans la formation des adultes sans être sûr que l'investissement sera rentable. Aux yeux des gouvernements, la formation des adultes doit accroître le capital humain de la population active; les entreprises en attendent une productivité accrue, et les employés, des augmentations de salaire et de meilleures perspectives de carrière. Ces objectifs ne sont pas incompatibles. Au contraire, on peut tous les atteindre grâce à une formation et un apprentissage réussis.

La formation peut toutefois avoir des effets secondaires dissuasifs. L'entreprise s'expose au risque de perdre les salariés qu'elle vient de former si ces derniers estiment que le seul moyen de convertir leurs nouvelles compétences en augmentation de salaire est de démissionner et de trouver un nouvel emploi. En règle générale, l'investissement reste cependant rationnel pour l'entreprise, car il accroît la productivité et les profits, ainsi que les salaires des employés.

Mais il n'est pas toujours facile de convaincre les employés des bienfaits de la formation, surtout lorsque ses bénéfices potentiels ne sont pas évidents. Dans ce cas, ils peuvent tout simplement refuser de s'astreindre à ce qu'ils perçoivent comme à une corvée qui entame leur temps libre et affecte leur vie familiale et sociale.

> **« Les individus tendent à agir de façon rationnelle en finançant les activités de formation dont le contenu peut leur faire escompter de réels avantages... »**
>
> *Promouvoir la formation des adultes*

D'autres raisons peuvent expliquer les réticences face à la formation. Par exemple, une personne peut être dissuadée de perfectionner ses compétences si elle a déjà du mal à convaincre un employeur potentiel de la valeur de ses compétences actuelles et de son expérience – son capital humain. De la même façon, il est difficile d'inciter quelqu'un à suivre une formation si le diplôme qui la sanctionne n'est pas largement reconnu.

Les **systèmes nationaux de certification** mis en place par les gouvernements facilitent la reconnaissance des apprentissages effectués par les individus. Ils sont particulièrement utiles pour les personnes peu qualifiées, dont l'essentiel de l'apprentissage est non formel et ne débouche sur aucun diplôme écrit. Chaque métier, de la plomberie à l'ingénierie du logiciel, a du reste ses « ficelles ». Toutes ces compétences reconnues dans la pratique méritent aussi souvent de l'être officiellement.

Même si les approches diffèrent, beaucoup de ces systèmes nationaux de certification n'imposent pas aux individus de suivre des cours obligatoires – un obstacle psychologique de moins à leur motivation – et leur demandent parfois seulement de passer un test démontrant qu'ils possèdent les aptitudes et les compétences exigées.

> **« Concernant la valorisation des acquis de l'apprentissage, les individus sont souvent dans l'incertitude face à leur capacité à mener à bien leur investissement dans la formation et à en profiter... »**
>
> *Au-delà du discours :*
> *Politiques et pratiques de formation des adultes*

Les doutes qui existent parfois sur la valeur d'une formation peuvent aussi affecter la motivation des individus. Le marché de la formation des adultes attire en effet nombre de prestataires douteux. De plus, certains diplômes décernés par des universités respectées,

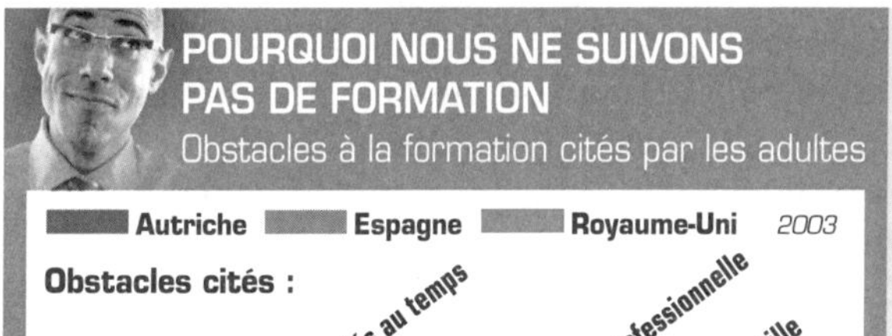

Beaucoup d'adultes ne sont pas intéressés par la formation. D'autres le seraient mais ils ont le sentiment qu'ils ne peuvent suivre une formation à cause de pressions liées à la famille ou à leur vie professionnelle, ou parce qu'ils se sentent trop âgés.

Source : Promouvoir la formation des adultes.

par exemple à travers l'enseignement à distance, sont parfois injustement considérés comme des diplômes de deuxième ordre.

Dans beaucoup de pays de l'OCDE, des organismes officiels contrôlent les formations privées. Une approche plus globale s'impose cependant pour rendre le marché de la formation des adultes plus transparent. Cela exigerait du gouvernement non seulement qu'il contrôle et forme les prestataires privés, mais aussi qu'il prenne des sanctions appropriées à l'encontre de ceux qui ne respectent pas les normes nationales. Un tel système inciterait les individus à se tourner uniquement vers les formations reconnues, tout en encourageant les prestataires privés à offrir des formations de bonne qualité.

Les moyens : qui paie l'apprentissage des adultes?

Les besoins de formation des travailleurs qualifiés sont le plus souvent comblés par l'entreprise ou par l'individu. Pour leur part, les gouvernements interviennent plutôt pour aider les travailleurs peu qualifiés. L'action des gouvernements peut être envisagée selon deux optiques : celle de **l'entreprise** et celle de **l'individu**.

L'entreprise. L'octroi d'avantages fiscaux encourage les entreprises à former leur personnel. Même si de tels outils sont difficiles à concevoir, les gouvernements y recourent volontiers, car ils s'appuient sur le système fiscal existant et incitent les entreprises à investir dans la formation plutôt que de débaucher les salariés de leurs concurrents, ce qui permet globalement d'accroître le capital humain de la main-d'œuvre nationale. Les entreprises les apprécient également : contrairement aux aides directes de l'État, les avantages fiscaux leur donnent généralement une plus grande liberté dans le choix des personnes qui bénéficieront d'une formation.

Mais les avantages fiscaux présentent aussi plusieurs inconvénients. Les entreprises ont les coudées franches pour former à leur convenance uniquement leurs cadres, alors que les avantages fiscaux sont censés encourager une formation plus équitable. De plus, comme les entreprises devraient former leur personnel même en l'absence d'avantages fiscaux, cela peut revenir à faire financer par les contribuables des formations qu'elles auraient de toute manière effectuées. D'où un phénomène qu'on appelle **de perte sèche**.

Si les avantages fiscaux consistent pour l'essentiel à donner de l'argent aux entreprises, l'État peut également les mettre à contribution. En Espagne, par exemple, les entreprises paient une taxe de 0.6 % de la masse salariale destinée à financer la formation. De tels prélèvements favorisent la formation des travailleurs peu qualifiés.

L'individu. Beaucoup de pays de l'OCDE ont adopté le principe du **cofinancement**, qui consiste à demander à tous les partenaires – le gouvernement lui-même, mais surtout les employeurs et les employés – de participer au financement de la formation des adultes. L'objectif est d'intéresser financièrement chacun au processus afin que les entreprises et les employés en tirent les principaux bénéfices.

Le cofinancement peut fonctionner de plusieurs façons. Les gouvernements peuvent subventionner les congés de formation des salariés, ce qui supprime un des coûts importants des formations données hors de l'entreprise, à savoir l'absence au travail. En France, par exemple, les salariés peuvent accumuler jusqu'à 20 heures de congés payés par an à des fins de formation. Il existe également des formes d'aide plus directes telles que les crédits de

QUI PAIE LA FORMATION ?

Pourcentage de la formation professionnelle continue financée par l'employeur

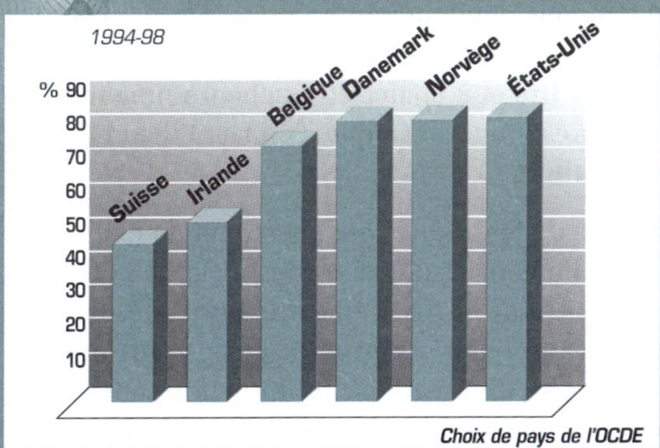

Les employeurs financent la plus grande partie de la formation, bien que les compétences ainsi acquises puissent aussi être utiles à d'autres entreprises, ce qui accroît les chances que leurs employés soient débauchés.

Source : Perspectives de l'emploi 2003.

formation, dont le remboursement n'est cependant pas toujours facile à récupérer.

Plusieurs pays comme le Canada, les Pays-Bas et le Royaume-Uni, expérimentent les **comptes individuels de formation**, qui incitent les travailleurs peu qualifiés à financer leur formation grâce à l'épargne. L'argent épargné par le salarié n'est pas imposable et une prime à peu près équivalente à ce qu'il a épargné lui est versée par le gouvernement et l'employeur. Au Canada, le programme *Learn$ave* permet aux personnes à faible revenu d'ouvrir un compte d'épargne sur lequel elles peuvent recevoir jusqu'à trois dollars par dollar épargné.

Ces programmes ne vont pas toujours sans problèmes. Au Royaume-Uni, on a ainsi dû suspendre les comptes individuels de formation après un an d'existence en raison de fraudes et de l'ouverture de comptes fictifs. De plus, comme le programme n'était pas exclusivement réservé aux personnes peu qualifiées, beaucoup d'épargnants utilisaient l'argent pour financer des formations qu'ils auraient de toute manière effectuées – un autre exemple de perte sèche.

Les occasions : comment offrir l'apprentissage aux adultes?

En matière de formation, le premier pas est parfois le plus difficile à faire, en particulier pour les adultes qui ont des besoins élémentaires à combler. Les difficultés rencontrées à l'école laissent généralement de mauvais souvenirs. Et les problèmes en lecture peuvent entraîner une mauvaise estime de soi, l'illettrisme étant aujourd'hui encore souvent considéré comme une tare. Or, de tels problèmes peuvent être dus à la dyslexie : ce trouble du langage s'accompagne de difficultés à lire et à épeler et touche un nombre étonnant de personnes célèbres – on pense que Thomas Edison et Pablo Picasso en auraient souffert.

Le premier contact est crucial : les adultes qui cherchent de l'aide ont besoin de la trouver facilement et d'être traités avec respect. C'est pourquoi nombre de pays de l'OCDE ont mis en place des organismes centralisés, ou « guichets uniques », qui offrent de l'aide aux adultes à la recherche d'un emploi ou d'une formation. Ces guichets uniques les accompagnent pour définir leurs besoins en leur épargnant des démarches auprès de dizaines d'organismes gouvernementaux et d'établissements d'enseignement, puis les orientent directement là où ils pourront recevoir de l'aide.

Une fois que les adultes ont fait ce premier pas, il est important de respecter leur dignité. Aucun adulte ne veut être traité comme un enfant ou avoir le sentiment de retourner sur les bancs de l'école. Il est donc profitable d'adopter des approches non formelles pour ce qui a trait à la fois à la méthode d'enseignement et au lieu où il est dispensé. Par exemple, en donnant seulement quelques heures de cours par semaine, on permet à l'adulte de se former en douceur. Il peut également être utile de tirer parti du soutien familial dont il bénéficie. Ainsi, aux États-Unis, le *Family Literacy Program* réunit parents et enfants, ce qui aide grandement les familles immigrées à apprendre la langue de leur pays d'adoption.

> **« Plusieurs pays ont [...] obtenu de bons résultats en s'éloignant du modèle scolaire pour tenter d'associer le plus souvent possible des modalités et des finalités de formation différentes. »**
>
> *Promouvoir la formation des adultes*

Le temps est souvent une contrainte pour les adultes. D'où l'importance qu'ils puissent choisir eux-mêmes le rythme de leur apprentissage et passer les examens et les tests au moment qui leur convient. Par exemple, le dispositif de *General Educational Development,* établi de longue date aux États-Unis, n'offre pas d'enseignement mais permet de passer des tests dans plus de 3 000 centres agréés. Les candidats qui réussissent les examens dans les cinq matières principales obtiennent l'équivalent d'un diplôme de fin d'études secondaires. Chaque année, un diplôme de fin d'études secondaires sur sept est délivré dans ce cadre aux États-Unis.

En Corée, où le marché du travail accorde une grande importance aux diplômes officiels, le *Credit Bank System* permet aux individus de « capitaliser » pendant plusieurs années des unités de valeur délivrées par différentes universités et autres établissements d'enseignement. Mis en place en 1998, ce programme avait déjà permis, au bout de cinq ans, à 25 000 personnes environ d'obtenir un diplôme.

Grâce à de telles approches, les individus sont en mesure de développer leur capital humain tout au long de leur vie, de la prime enfance, avant le début de la scolarité, jusqu'à l'âge adulte, en passant par l'enseignement obligatoire et l'enseignement supérieur. Autant d'avancées synonymes d'avantages économiques substantiels pour les individus. Mais, comme nous le verrons dans le chapitre suivant, le capital humain ne se traduit pas uniquement par un chèque de paie plus important : il entraîne aussi des bénéfices en matière de santé individuelle et peut même améliorer la santé de nos sociétés.

Pour en savoir plus

➤ **Vivre et travailler plus longtemps** *(2005)*
Le vieillissement rapide de nos sociétés rend obsolètes les politiques, les pratiques et les attitudes qui découragent le travail des actifs les plus âgés. Non seulement elles leur interdisent de décider quand et comment partir à la retraite, mais elles sont aussi coûteuses pour les entreprises, l'économie et la société. Si rien n'est fait pour améliorer les perspectives d'emploi des travailleurs âgés, le nombre de retraités par personne active doublera d'ici 50 ans dans les pays de l'OCDE. En s'appuyant sur les conclusions de 21 études par pays, *Vivre et travailler plus longtemps* jette les bases des politiques et des pratiques en matière d'emploi qui permettront d'accompagner le vieillissement.

➤ **Au-delà du discours : Politiques et pratiques de formation des adultes** *(2003)*
Pourquoi les adultes doivent-ils mettre à jour leurs aptitudes et leurs connaissances? C'est essentiel non seulement pour pallier des manques en matière d'éducation et répondre aux exigences changeantes de la société du savoir, mais aussi pour jouer un rôle actif au sein de la société civile et renforcer la cohésion sociale. Pourtant, les adultes qui ont le plus besoin de suivre des programmes de formation ou d'apprentissage sont souvent ceux qui y participent le moins. *Au-delà du discours* montre ce qui fonctionne en matière de formation pour adultes et définit les caractéristiques que devrait présenter un bon un système de formation pour adultes, notamment les divers moyens de les motiver et les méthodes permettant de fournir les services adéquats.

➤ **Comment financer l'apprentissage tout au long de la vie? Vers une approche systémique** *(2004)*
Si l'opportunité d'apprendre tout au long de la vie n'est pas offerte à tous, c'est parce que nous considérons encore trop souvent que l'apprentissage est réservé aux jeunes. Cette idée reçue, parfois confortée par l'État, se nourrit aussi de préjugés à l'encontre de l'investissement dans le capital humain, fortement ancrés dans nos politiques et nos institutions. Des initiatives prometteuses ont cependant vu le jour, depuis quelques années, notamment dans le but de faciliter le cofinancement de l'apprentissage à vie par les acteurs publics et privés. *Comment financer l'apprentissage tout au long de la vie?* résume les défis économiques et financiers majeurs, passe en revue les projets de cofinancement récents et fait le point sur le débat politique que suscite cet enjeu.

➤ **Promouvoir la formation des adultes** *(2005)*
Comment améliorer la participation des adultes à la formation? Cet ouvrage présente les orientations pratiques à privilégier en se fondant sur les principaux enseignements tirés de l'expérience de 17 pays de l'OCDE. Il analyse les obstacles à la formation des adultes, ainsi que les mesures susceptibles d'y remédier, notamment renforcer les avantages qu'elle procure, afin de la rendre plus visible et plus accessible, et favoriser les incitations économiques et les cofinancements. Une coordination et une cohérence accrues s'imposent également en raison de la grande diversité de parties prenantes.

L'ouvrage ci-dessous est également mentionné dans ce chapitre :

➤ Du bien-être des nations : Le rôle du capital humain et social *(2001)*

6

Mieux vivre ensemble

Personne ne peut se passer des autres. De l'enfance à l'âge adulte, notre développement est lié à nos interactions familiales et sociales. De la même façon, toutes les dimensions de notre capital humain – de notre santé à notre niveau d'éducation – interagissent avec les relations que nous entretenons avec la société.

En guise de préambule…

L'été 2003 a battu tous les records de chaleur en Europe. Près de 40 °C et parfois plus pendant de longs mois. Les vacanciers se précipitaient en masse sur les plages pour profiter du soleil. Les citadins qui ne pouvaient s'échapper de leur travail suaient à grosses gouttes. Et derrière les portes closes, des personnes âgées mouraient : la canicule a fait plus de 4 000 morts en Italie et pas moins de 15 000 en France.

Au-delà du choc que provoquèrent ces décès, le plus frappant fut que beaucoup de ces personnes âgées sont mortes seules. Certaines ont même été découvertes plusieurs jours ou plusieurs semaines après leur décès. Comment cela a-t-il pu se produire dans des sociétés modernes et bien organisées?

D'une certaine façon, ces décès sont liés à la nature même de sociétés où l'anonymat domine et où le sens de la communauté disparaît. Nous ne savons bien souvent pas qui sont nos voisins de palier, et nous faisons la navette entre notre appartement et notre travail, coupés du monde extérieur par nos lecteurs MP3. Malgré tout ce que la richesse nous apporte – espérance de vie plus longue, niveau de vie élevé, vacances à l'étranger –, nous sommes peut-être en train de perdre en chemin certaines des choses qui contribuent le plus à notre bonheur, comme les rapports avec nos voisins et l'esprit de communauté.

Ces modes de relations peuvent également avoir d'autres incidences sur notre vie. Ils influent notamment sur notre capacité à développer notre capital humain, ce qui a un impact non seulement sur notre niveau d'éducation mais aussi sur des facteurs tels que notre santé. Le risque de maladie cardiaque est ainsi plus grand chez les adultes qui vivent seuls.

▶ Jusqu'à présent nous avons principalement abordé le capital humain sous l'angle de l'apprentissage, mais il recouvre aussi d'autres éléments tels que notre état de santé. Dans ce chapitre, nous examinerons certaines de ces questions, en commençant par les liens entre le capital humain et la santé. Puis nous nous pencherons sur les liens qui existent entre le capital humain et la vie sociale, un sujet qui ouvre des perspectives souvent fascinantes et parfois controversées.

Le capital humain : au-delà de l'apprentissage

L'éducation est sans doute une composante clé, sinon *la* composante clé, du capital humain, mais la santé entre également en ligne de compte. La relation entre santé et capital humain joue dans les deux sens. Être en bonne santé aide à développer son capital humain (les enfants en bonne santé apprennent mieux) et la santé est aussi le fruit du capital humain (les personnes les plus instruites sont généralement en meilleure santé).

> **« L'un des avantages les plus manifestes de l'instruction est l'amélioration de la santé. Plus le niveau de formation est élevé, meilleure est l'hygiène de vie. »**
>
> *Du bien-être des nations*

La santé constitue en soi un ingrédient à part entière du capital humain, même si nous n'investissons pas toujours consciemment dans notre santé comme nous le faisons pour notre capital humain. Ainsi, un travailleur dont le capital humain comporte une composante santé forte sera plus productif dans son travail et aura donc tendance à gagner davantage. Et cette productivité accrue profitera à l'économie dans son ensemble. En améliorant la santé de la population en général, on favorise donc la croissance économique. Selon une estimation, lorsque l'espérance de vie augmente de cinq ans dans un pays – un des résultats de l'amélioration des niveaux de santé –, on gagne jusqu'à 0.5 % de croissance supplémentaire.

Santé et pauvreté

L'impact de la santé sur la croissance économique est plus clair encore pour les pays en développement. Les Nations unies l'ont du reste mentionné dans leurs Objectifs du millénaire pour le développement, établis au début du siècle dans le but d'éradiquer l'extrême pauvreté. Sur huit objectifs, trois renvoient à des questions liées à la santé : réduire la mortalité infantile, améliorer la santé des mères et combattre des maladies telles que le VIH/sida et la malaria.

Les liens entre pauvreté et santé jouent dans les deux sens, en particulier dans les pays en développement. La pauvreté interdisant d'acheter des vaccins et des médicaments peu coûteux, des maladies qu'on pourrait facilement prévenir ou guérir se propagent. Les personnes qui tombent malades ne peuvent plus participer à l'économie et deviennent un fardeau pour leur famille. En conséquence, il y a moins de ressources à consacrer aux soins médicaux. D'où un engrenage dans lequel la mauvaise santé est à la fois une cause *et* une conséquence de la pauvreté.

> **« ... briser le cercle vicieux de la pauvreté et de la mauvaise santé est une condition essentielle » de l'essor économique des pays en développement.**
>
> *Pauvreté et santé*

Comment briser ce cercle vicieux? Une solution consisterait à répartir les ressources médicales plus efficacement à l'échelle de la planète. L'essentiel de la recherche médicale vise en effet les maladies les plus répandues dans le monde développé : seulement 10 % des dépenses mondiales de recherche seraient consacrées à 90 % des maladies et des affections qui touchent la planète. Cela tient notamment au fait qu'une grande partie des recherches financées par les gouvernements sont menées dans les pays développés. Quant aux sociétés pharmaceutiques, elles savent qu'elles feront davantage de profit en vendant des médicaments destinés à traiter des maladies communes dans le monde développé, telles que l'obésité et les maladies cardiaques, plutôt que des maladies comme la malaria ou l'onchocercose, fréquentes dans les pays en développement.

Le tour de taille s'épaissit

La santé est également un facteur économique dans le monde développé et, là encore, le lien entre mauvaise santé et faibles revenus joue dans les deux sens. Dans tous les pays développés, de plus en plus de personnes souffrent de surcharge pondérale ou d'obésité, ce qui entraîne des risques graves en matière de santé : maladies cardiaques et pulmonaires, diabète, arthrite, affections de la vésicule biliaire et certaines formes de cancer, notamment.

Un peu plus de 30 % des Américains sont aujourd'hui obèses ou souffrent d'un surpoids anormal, soit deux fois plus qu'en 1980. Mais le problème n'est pas propre aux États-Unis : malgré ce que peuvent laisser croire des ouvrages tels que *Les Françaises ne grossissent pas,* près d'un Français sur dix est obèse, contre seulement un peu plus d'un sur vingt au début des années 90. Les tours de taille s'épaississent également en Chine et dans d'autres pays d'Asie, à mesure que les régimes traditionnels sont abandonnés au profit du mode de vie occidental.

> **« L'obésité est associée à une augmentation du risque de contracter une maladie chronique, et donc susceptible d'entraîner un important surcroît de dépenses pour les soins de santé requis. »**
>
> *Panorama des statistiques de l'OCDE 2006*

Selon de nombreux chercheurs, il y a un lien direct entre les faibles revenus et l'obésité qui, elle-même, ainsi que les problèmes de santé auxquels elle est associée, a un impact sur les revenus. Alors qu'il y a un siècle une caricature croquée dans une usine aurait montré un patron obèse et des employés maigres, la situation serait probablement inverse aujourd'hui.

Le prix de la santé

L'amélioration des soins médicaux signifie que davantage de personnes souffrant de maladies chroniques telles que l'obésité pourront vivre plus longtemps tout en jouissant d'une qualité de vie acceptable. Cette bonne nouvelle ne doit pas masquer une question essentielle : qui paiera leur traitement? Comme beaucoup de gouvernements le constatent, maintenir le capital santé d'un pays s'apparente à verser de l'argent dans un puits sans fond. Quelles que soient les sommes investies, la demande de soins médicaux est insatiable. Et prendre des décisions en la matière revient à s'aventurer dans un champ de mines.

Le coût de la santé deviendra un problème de plus en plus aigu dans les années qui viennent en raison du vieillissement démographique et du prix croissant des technologies médicales. Les dépenses publiques consacrées à la santé et aux soins médicaux de longue durée représentent déjà environ 7 % du PIB dans la zone OCDE. D'ici à cinquante ans, cette proportion devrait presque doubler pour atteindre 13 %. Les gouvernements cherchent donc comment rendre les individus davantage responsables de leur état de santé.

> **« ... la croissance de la demande oblige les gouvernements à chercher des moyens de transférer plus de responsabilités aux individus. »**
>
> David Bloom, *La société créative du XXIe siècle*

Les individus devront à l'avenir assumer une plus grande partie de leurs dépenses médicales en payant leur propre assurance. Mais il faudra aussi leur apprendre comment mieux prendre soin d'eux-mêmes. Cette approche peut avoir des résultats impressionnants. Qu'on en juge par la chute de la tabagie dans les pays développés depuis les années 70, obtenue à grand renfort de publicités, de taxes dissuasives et de campagnes publiques de sensibilisation.

De tels programmes ont évidemment un coût. Mais en s'efforçant de maintenir, voire d'augmenter leur stock de capital santé, les pays devraient s'apercevoir qu'il est beaucoup moins onéreux de prévenir que de guérir.

Les autres avantages du capital humain

Le capital humain apporte d'autres bénéfices que des revenus plus importants et une meilleure santé. Des études montrent que l'ensemble de la communauté bénéficie de la présence de personnes ayant un capital humain élevé, notamment à travers une augmentation globale des revenus. Les entreprises, usines ou bureaux, qui emploient des personnes hautement qualifiées sont plus productifs, et *tous* les employés en bénéficient quel que soit leur niveau d'éducation.

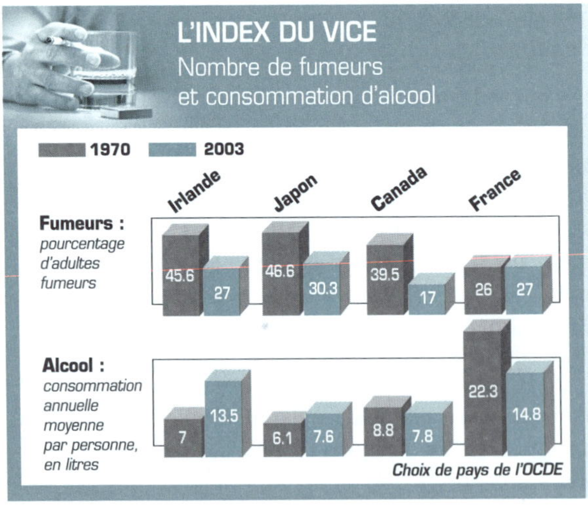

La consommation de tabac diminue dans la plupart des pays de L'OCDE. Le tableau est plus mitigé pour la consommation d'alcool : le nombre de pays où elle augmente est à peu près équivalent au nombre de pays où elle diminue.

Source : Panorama de la santé 2005.

Certains soutiennent qu'augmenter le capital humain aiderait également à réduire la criminalité. Les recherches sont loin d'être concluantes, mais une étude américaine a montré qu'une augmentation de 1 % du nombre d'hommes qui achèvent leurs études secondaires aux États-Unis réduirait chaque année de 1.4 milliard de dollars le coût des crimes pour les victimes et la société dans son ensemble. La criminalité et la violence coûtent cher : selon l'Organisation mondiale de la santé, le coût des blessures résultant de violence atteint 500 milliards chaque année à l'échelle mondiale.

Les avantages sociaux de l'instruction vont toutefois au-delà de la réduction de la criminalité. Les études montrent que plus les citoyens ont un niveau élevé d'instruction, plus ils ont un niveau élevé d'**engagement civique et social** : ils sont davantage impliqués dans leur communauté et agissent concrètement pour améliorer le bien-être de la société dans laquelle ils vivent. Afin de mieux en comprendre les raisons, penchons-nous sur une autre forme de capital : le **capital social**.

> **Certaines études montrent que « les avantages sociaux de l'instruction sont grands – peut-être plus que ne le sont les effets directs sur le plan macroéconomique et sur le marché du travail ».**
>
> *Du bien-être des nations*

Qu'est-ce que le capital social?

Cela fait peu de temps que le concept de capital social est à la mode. L'expression est pourtant utilisée depuis près d'un siècle et les idées qui le sous-tendent sont encore plus anciennes. L'expression est probablement apparue pour la première fois en 1916, aux États-Unis, dans un livre consacré au rôle que la communauté locale peut jouer dans la gestion des écoles. Selon Lyda Hanifan, l'auteur de ce livre, le capital social désigne « ces substances tangibles *[qui]* comptent le plus dans la vie quotidienne des gens, c'est-à-dire la bonne volonté, la camaraderie, la sympathie, et les rapports sociaux entre les individus et les familles qui composent une unité sociale ».

PANORAMA La valse mondiale des médecins

La prochaine fois que vous passerez une heure dans la salle d'attente d'un hôpital, posez-vous cette question : d'où viennent les médecins et les infirmières? Si vous êtes dans un grand pays anglophone, vous constaterez que beaucoup d'entre eux viennent de pays où les bons hôpitaux sont rares.

Selon une étude américaine, environ un quart des médecins exerçant aux États-Unis, au Canada, en Australie et au Royaume-Uni, ont été formés à l'étranger. Et, dans des proportions allant de 40 à 75 %, ils viennent de pays pauvres, principalement l'Inde, les Philippines et le Pakistan.

Travailler outre-mer est une perspective très attirante pour les médecins et les infirmières de ces pays. Ils peuvent gagner davantage d'argent, développer leurs compétences et se familiariser avec les équipements et les traitements médicaux les plus modernes, qui parfois n'existent pas chez eux. Une telle expérience peut leur être profitable s'ils retournent exercer dans leur pays. Mais, même sans rentrer, ils apportent une contribution notable à l'économie de leur pays à travers les fonds qu'ils y envoient, comme c'est notamment le cas pour les Philippines et le Mexique. Cet argent sert à payer des maisons, à créer des entreprises et à financer l'éducation de la nouvelle génération.

Il y a cependant des inconvénients. Le départ d'un personnel médical hautement qualifié porte atteinte au capital humain des pays en développement : il y a moins de ressources pour s'attaquer à des maladies telles que le VIH/sida, et les contribuables expatriés financent les systèmes médicaux des pays riches. Cela peut aussi affecter la formation des médecins dans les pays en développement : beaucoup d'étudiants projetant d'exercer à l'étranger, l'enseignement peut négliger les maladies locales au profit de maladies plus répandues dans les pays développés.

Pour faire face à ce problème, le Royaume-Uni a édicté un code d'éthique qui interdit les campagnes actives de recrutement de médecins dans certains pays en développement, ce qui n'empêche cependant pas les médecins et les infirmières de ces pays de venir travailler au Royaume-Uni. Les autres pays de l'OCDE seront également appelés à prendre des mesures qui permettent aux pays en développement – et à leurs médecins – de maximiser les avantages et de minimiser les inconvénients de cette valse mondiale des médecins.

Voilà qui donne une bonne idée de ce qu'est le capital social. Même s'il est aujourd'hui difficile de trouver une définition qui convienne à tous, pour simplifier, nous pouvons l'expliquer ainsi : les liens, les valeurs et les convictions communes qui, au sein d'une société, permettent aux individus et aux groupes de se faire confiance et donc de travailler ensemble.

Cette notion a été popularisée ces dernières années par Robert Putnam, dont le best-seller *Bowling Alone: The Collapse and Revival of American Community* a paru en 2000. Selon Putnam, le sens de la communauté des Américains disparaît à mesure qu'ils s'enrichissent. Les villes et les banlieues traditionnelles cèdent du terrain aux « villes lisières » (*edge cities)* et aux « zones exurbaines » *(exurbs)*, de vastes lieux anonymes où les individus font peu de choses à part dormir et travailler. La place croissante qu'occupent le travail, les transports et la télévision dans la vie des individus leur laisse moins de temps pour participer à des groupes communautaires, faire du bénévolat ou fréquenter leurs voisins, leurs amis et même leur famille.

Pour illustrer ce déclin, Putnam a analysé la façon dont les Américains jouent au bowling à dix quilles. Bien que ce sport n'ait jamais été autant suivi aux États-Unis, Putnam a découvert que les Américains y jouent désormais seuls, et non plus les uns contre les autres, au sein de ligues locales autrefois populaires. Selon Putnam, le déclin des réseaux communautaires qui amenaient les Américains à jouer au bowling ensemble, constitue une perte de capital social.

La diversité du capital social…

Le débat sur les différentes formes que peut emprunter le capital social est vif. Pour s'en tenir à une approche relativement simple, on peut les regrouper en trois catégories principales.

- Les **liens d'attachement,** qui reposent sur un sentiment d'identité commune et nous relient à notre famille, à nos amis proches et aux personnes qui appartiennent à la même culture ou à la même ethnie que nous.
- Les **liens d'accointance,** qui vont au-delà du sentiment d'identité commune et nous relient à des amis éloignés, des collègues et des associés.

- **Les liens de contact,** qui nous relient à d'autres personnes ou groupes appartenant à divers niveaux de la société.

Les liens d'attachement nous renseignent sur les avantages que peut prodiguer le capital social. Nos amis et notre famille peuvent nous aider de nombreuses façons, que ce soit sur le plan affectif, social ou économique. Au Royaume-Uni, une étude gouvernementale a montré que davantage de personnes trouvent du travail en recourant à leurs relations personnelles qu'en consultant les offres d'emploi. Un tel soutien est encore plus important dans les pays où la loi est peu respectée ou lorsque l'État offre peu de services sociaux : des clans peuvent alors financer l'éducation des membres de leurs familles, leur trouver du travail et prendre soin des orphelins et des personnes âgées.

Mais ces liens peuvent aussi constituer un handicap. Presque par définition, les *liens d'attachement* sont forts dans les communautés

Le capital social. **Selon la définition de l'OCDE, le capital social correspond à « des réseaux, ainsi qu'à des normes, valeurs et convictions communes » qui facilitent la coopération au sein des groupes ou entre eux. Les réseaux renvoient à des liens concrets existant entre des groupes ou des individus, par exemple, des réseaux d'amis, des réseaux familiaux ou des réseaux d'anciens collègues de travail. Les normes, valeurs et convictions communes sont moins tangibles : les sociologues les définissent parfois comme les règles non écrites, mais largement acceptées, au sein d'une société. Les normes et les convictions communes restent souvent invisibles tant qu'elles sont respectées : par exemple, les normes qui protègent les enfants de la violence apparaissent clairement lorsque les adultes s'en prennent à eux. Quant aux valeurs, si elles peuvent être davantage sujettes à remise en question – on en débat fréquemment dans nos sociétés –, elles n'en constituent pas moins un pilier essentiel dans chaque groupe social – pensons au respect de la sécurité des personnes. Ensemble, ces valeurs et ces convictions communes créent une confiance qui permet aux individus de travailler ensemble.**

très soudées telles que les communautés immigrées, où les individus comptent beaucoup sur le soutien de leur famille ou de ceux qui appartiennent à la même ethnie qu'eux. Mais, dans le même temps, les *liens de contact* sont faibles, ce qui peut durablement marginaliser les individus et parfois les priver de tout progrès économique. L'exclusion sociale joue bien sûr dans les deux sens : les groupes très soudés peuvent s'isoler d'eux-mêmes et ils peuvent aussi être rejetés.

> **« ... l'accès aux informations et aux influences que permettent les réseaux sociaux apporte aussi aux individus des avantages privés et peut dans certains cas être utilisé par des individus ou des groupes pour en exclure d'autres et renforcer leur domination ou leurs privilèges. »**
>
> *Du bien-être des nations*

Comme presque toutes les formes de capital, le capital social peut aussi être utilisé à des fins peu recommandables. Ainsi, les liens et la confiance sur lesquels reposent les cartels de la drogue et les associations de malfaiteurs constituent une forme de capital social dont nous pourrions cependant nous passer. Le capital social peut également être préjudiciable aux entreprises et aux organisations s'il les amène à se replier sur soi et à négliger l'extérieur. À l'inverse, il peut faciliter les affaires : dans *Bowling Alone,* Putnam attribue une grande partie du succès de la Silicon Valley à la coopération formelle et informelle des *start-up* de la région.

> **« ... le capital social est le ciment qui facilite la coopération, les échanges et l'innovation. »**
>
> *La nouvelle économie : mythe ou réalité ?*

... et la diversité des critiques

Cette vision du capital social n'échappe pas aux critiques. Selon certains, contrairement à ce qu'affirme Putnam, l'engagement social ne s'érode pas mais se transforme. Au lieu d'adhérer à des groupes locaux comme les ligues de bowling, nous adhérons plutôt à des groupes de personnes qui partagent nos croyances et nos valeurs, par exemple, la protection de l'environnement ou la reconnaissance des droits des homosexuels. De tels groupes peuvent exister dans la « réalité », comme les sections locales de Greenpeace ou d'Amnesty international, et parfois uniquement dans le monde virtuel d'Internet, ce qui crée de nouvelles « communautés » sans lien physique, mais partageant des valeurs et des centres d'intérêt. Quant à savoir si ces nouvelles formes de communautés ont la même valeur que les communautés plus traditionnelles, les avis sont partagés.

> **« Dans bien des pays, il semble simplement que l'adhésion aux organisations et institutions traditionnelles [...] ait fait place à des formes nouvelles de regroupement volontaire... »**
>
> Barrie Stevens, *La société créative du XXIe siècle*

D'autres critiques avancent que la notion de « capital social » est vague, difficile à mesurer, mal définie et ne constitue peut-être tout simplement pas une forme de capital. Pour nombre d'économistes, la notion de capital implique qu'on fasse des sacrifices aujourd'hui pour obtenir des gains futurs, comme lorsqu'on étudie en classe pour accroître son capital humain au lieu de jouer dans la cour de récréation. Malgré ces critiques, le concept de capital social suscite l'intérêt au sein de la classe politique et des décideurs publics. Cela tient entre autres à la préoccupation croissante que suscite la marginalisation dans nos sociétés.

Comme nous l'avons déjà vu, l'économie du savoir valorise le capital humain, ce qui peut nuire aux perspectives d'emploi des personnes peu instruites, qui sont souvent aussi les plus pauvres. Selon certains analystes, on assiste à l'apparition d'un « quart-monde » dans les pays développés, c'est-à-dire des personnes en marge de la société et qui ont peu de chances de la réintégrer en raison à la fois d'un manque de capital humain et, sans doute, de capital social. De fait, l'absence de ces deux formes de capital n'est peut-être pas une coïncidence. De là à penser qu'il y a des liens inextricables entre le capital humain et le capital social...

Le capital humain et le capital social sont-ils liés?

Le capital humain et le capital social n'existent pas indépendamment l'un de l'autre. Ils entretiennent des liens complexes et, jusqu'à un certain point, s'alimentent l'un l'autre. Autrement dit, à travers des mécanismes complexes, le capital social favorise le développement du capital humain et le capital humain favorise le développement du capital social.

Comment le capital social contribue au capital humain

Éducation. Tous les écoliers savent que la principale menace qui pèse sur eux lorsqu'ils sèchent les cours vient des voisins trop curieux. Mais ce qu'ils ignorent probablement, c'est que leur peur d'être découverts repose sur un capital social (la relation entre la famille de l'enfant et les voisins) qui contribue au développement du capital humain (éducation).

> **« Les collectivités dont le capital social est élevé ont généralement de meilleurs résultats scolaires que celles où le corps social est fragmenté et où les individus sont plus isolés. »**
>
> *La nouvelle économie : mythe ou réalité?*

L'existence de tels liens n'est pas seulement attestée par les récits d'écoliers. Le sociologue américain James Coleman a analysé dans les années 60 les taux de décrochage scolaire au cours du secondaire afin de déterminer s'ils étaient liés au niveau de capital social dans les familles et les communautés. En mesurant des facteurs tels que le degré d'attention accordé par les parents à leurs enfants et les relations de la famille avec la communauté dans un sens plus large, il a découvert que les enfants sont plus susceptibles de poursuivre leur scolarité lorsque le capital social est élevé.

Paradoxalement, le capital social peut aussi être un obstacle à l'éducation : dans les communautés soudées qui lui accordent peu de valeur, les enfants et les adultes sont parfois dissuadés d'apprendre ou de poursuivre l'apprentissage à vie.

Santé. La maladie peut être un facteur d'isolement social, et l'inverse est également vrai : parce qu'il affecte le bien-être psychologique des personnes qui vivent aux marges de la société, l'isolement social peut aussi être une cause de maladie, physique ou mentale.

L'idée n'est pas nouvelle. Dès la fin du XIXe siècle, le sociologue français Émile Durkheim s'est distancié de la sagesse populaire selon laquelle le suicide est le fait d'individus dérangés, pour l'envisager à la lumière des relations qu'entretient l'individu avec la société au sens large. Selon Durkheim, les personnes qui avaient les liens sociaux les plus faibles étaient les plus susceptibles de se suicider.

POINT DE VUE Robert Putnam

Comment l'idée de capital social pourrait-elle s'appliquer à l'éducation ? L'Observateur de l'OCDE a posé la question à **Robert Putnam**. Voici de larges extraits de sa réponse.

« Quelques idées viennent à l'esprit, même si je souhaite insister sur le fait qu'elles ne s'appliquent pas qu'à l'éducation, mais aussi aux leviers d'action de nombreux domaines.

Commençons par le capital humain et le capital social. Ces deux types de capital sont clairement reliés au sein d'une sorte de cercle vertueux : l'éducation tend à augmenter le capital social et, simultanément, le capital social tend à accroître les performances éducatives. Le déclin du capital social aux États-Unis aurait pu être encore plus prononcé si la qualité et la force de notre enseignement universitaire n'avaient pas été ce qu'elles sont. Néanmoins, il faut aller plus loin. On a pu montrer que l'éducation civique, les services obligatoires rendus à la collectivité et même les activités extrascolaires telles que le sport et la musique ont des effets à long terme sur l'implication civique des étudiants qui y ont été exposés.

La formation de capital social impose aussi de réfléchir de près à l'espace. Dans la conception des établissements scolaires, mais aussi des bureaux, des quartiers d'habitation et des villes entières, on doit prendre en compte la façon dont l'architecture (en général comme dans les détails) est susceptible d'encourager des connexions faciles et informelles entre des individus qui, sinon, pourraient se retrouver isolés.

La notion d'échelle constitue un autre levier. La plupart des recherches semblent indiquer que, du point de vue du capital social, il vaut mieux faire "plus petit", qu'il s'agisse de villes, d'entreprises ou de salles de classe. [...]

Le problème est que les politiques menées peuvent par inadvertance "détruire" du capital social. Pensez par exemple à la fermeture des postes dans les petites villes et les zones rurales. Aux États-Unis, certains ont expérimenté la notion d'"évaluation de l'impact du capital social" pour de grands projets d'action, de sorte que, lorsqu'on met en place une nouvelle grande infrastructure autoroutière, par exemple, on se penche au moins sur ses répercussions sur les réseaux sociaux.

Les pouvoirs publics doivent comprendre qu'investir dans le capital social nécessite du temps. À mesure que nos marchés du travail se développent – et notamment se féminisent – et que la technologie se répand, une plus grande souplesse des employeurs peut permettre aux salariés de mieux concilier exigences professionnelles, et besoins familiaux et communautaires. »

L'impact du capital social sur la santé se mesure au-delà du phénomène du suicide, et cela vaut pour les jeunes comme pour les personnes âgées. Des études ont ainsi montré qu'il y a moins d'enfants maltraités dans les zones où les voisins se connaissent. À l'autre extrême de la pyramide des âges, les cas de démence et de maladie d'Alzheimer sont plus fréquents parmi les personnes âgées socialement isolées. Mais le capital social a aussi des effets à d'autres étapes de notre vie. Selon une étude américaine, la pression artérielle est plus élevée chez les quinquagénaires et les sexagénaires isolés. Et une étude danoise a montré que les personnes d'âge mûr qui vivent seules ont presque deux fois plus de risques de souffrir de maladies cardiaques.

> **« C'est peut-être dans le domaine de la santé individuelle que l'impact positif du capital social est le plus évident. »**
>
> *Du bien-être des nations*

La raison pour laquelle l'isolement social aurait un tel impact sur la santé n'est pas parfaitement claire, mais c'est probablement le résultat de plusieurs facteurs. Tout d'abord, les réseaux sociaux offrent un soutien réel aux individus, à travers une assistance et des soins qui peuvent réduire un stress à la fois physique et psy-

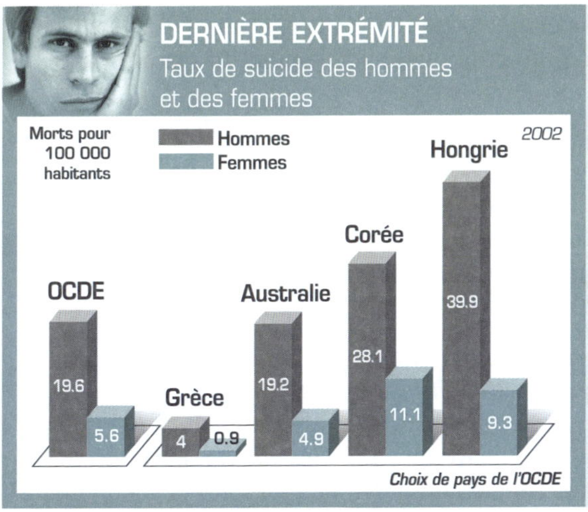

Les suicides ont coûté plus de 130 000 vies dans la zone OCDE en 2002. Au moins trois fois plus d'hommes que de femmes se suicident, mais la différence est moindre pour les tentatives de suicide.

Pour consulter les données en format Excel®, utilisez le StatLink ci-dessous.

Source : Panorama de la santé 2005.

StatLink : *http://dx.doi.org/10.1787/066230600384*

chologique. Ensuite, le fait de côtoyer amis ou famille leur procure un plaisir qui déclenche des réactions physiologiques susceptibles de les aider à combattre le stress et de stimuler leur système immunitaire. Quelles qu'en soient les raisons, les résultats sont là : rien ne vaut l'amitié pour rester en bonne santé.

Le capital humain contribue-t-il au capital social?

Il est largement admis que le capital humain contribue au capital social. Au niveau le plus élémentaire, l'éducation aide les enfants et les jeunes à prendre conscience de leurs responsabilités en tant que membres de la société. Il est aussi prouvé qu'en règle générale plus les individus consacrent de temps à l'éducation, plus leur engagement civique et social est élevé.

Ce qui soulève un paradoxe intéressant. Nous savons que les individus consacrent plus de temps à l'éducation dans les pays développés que dans beaucoup d'autres régions du monde. Mais nous savons également que le déclin de l'engagement social est une préoccupation croissante dans ces pays. (Un des symptômes souvent évoqués est la baisse, sur le long terme, du taux de participation aux élections.) Comment surmonter cette contradiction apparente?

Si plusieurs études confirment que l'éducation renforce l'engagement civique et social, le lien qui les unit n'est pas totalement élucidé. Pour le sonder, il ne suffit pas de considérer uniquement le temps consacré à l'éducation par les individus : en effet, ils ne sont pas automatiquement plus impliqués socialement du simple fait qu'ils vont à l'école.

Il faut plutôt se pencher sur ce que les individus font effectivement durant leurs années de scolarité. Une étude menée dans 28 pays à la fin des années 90 a montré que les individus sont davantage portés à s'impliquer activement dans la vie de la cité si on leur a auparavant permis de débattre en classe de questions politiques et sociales.

Pour mieux comprendre comment l'éducation influe sur notre comportement – ce qui est au cœur de la question abordée ici –, nous ne devons pas envisager seulement le niveau d'éducation de chaque individu, mais aussi le niveau qu'il a *par rapport* aux autres individus et au niveau d'éducation qu'affiche *au total* la société. Ces différents niveaux semblent jouer sur l'implication des individus dans la société, qu'il s'agisse de voter, de faire du bénévolat, d'adhérer à un parti politique, d'organiser une fête communautaire ou toute combinaison de ces engagements.

Pour voir comment fonctionnent ces mécanismes, prenons l'exemple d'un individu nettement plus instruit que les autres membres de sa communauté. Selon certains sociologues, son statut social élevé l'encouragera à s'impliquer sur le plan politique, car il sera sûr de pouvoir s'approcher des leviers du pouvoir relativement aisément. À l'inverse, un individu moins instruit arrivera sans doute à la conclusion opposée, répugnera à tout engagement politique et préférera s'impliquer uniquement dans sa communauté.

L'avenir du capital social

Les sociologues et les éducateurs ne comprennent pas encore totalement ces mécanismes complexes et il reste du chemin à faire avant qu'on sache comment mettre l'éducation au service de l'engagement social et civique. En fait, le capital social soulève presque autant de questions qu'il apporte de réponses. Si, pour certains, sa valeur reste encore à prouver, au niveau le plus élémentaire elle tient sans doute à ce qu'il jette un nouvel éclairage sur la façon dont le développement économique influe sur nos sociétés tout en étant influencé par elles. Mais il pourrait aussi constituer une percée décisive dans notre compréhension des mécanismes sociaux fondamentaux qui sous-tendent tout, de la croissance au bonheur individuel.

> **« Les recherches dans le domaine du capital social se trouvent à un stade précoce et ne permettent pas encore de savoir avec certitude si tel ou tel programme, ou telle ou telle politique réussira ou non à atteindre les objectifs qui sont les siens dans ce domaine. »**
>
> *Du bien-être des nations*

Faut-il en conclure qu'il est prématuré de chercher les moyens de renforcer le capital social? Certains gouvernements semblent d'un avis contraire. Le gouvernement irlandais, par exemple, a mis sur pied un groupe de travail spécifique qui encourage les individus à s'impliquer davantage dans leur communauté à travers le volontariat et l'adhésion à des groupes locaux. Si cette initiative a été lancée, c'est notamment parce qu'on se préoccupe de plus en plus des effets de la croissance économique exceptionnelle des dernières années sur les liens communautaires, traditionnellement forts en Irlande. D'autres gouvernements, surtout dans les pays anglophones, suivent la même voie.

Les résultats de telles initiatives et leur impact sur la société ne sont pas encore connus. Mais une chose est sûre : le développement économique se poursuivant à un rythme soutenu, il sera plus que jamais important à l'avenir de comprendre comment le capital humain et social peut aider les individus et les sociétés à faire face aux changements qui les attendent.

Pour en savoir plus

➤ **Panorama de la santé** *(rapport annuel)*
Les niveaux de santé ont augmenté partout dans les pays de l'OCDE, mais au prix de dépenses qui n'ont jamais été aussi élevées. Face à ces coûts croissants, beaucoup de gouvernements cherchent aujourd'hui les moyens de ralentir les dépenses tout en s'assurant qu'elles sont utilisées au mieux. Le *Panorama de la santé* présente les dernières données et tendances comparables sur les performances des systèmes de santé des pays de l'OCDE et montre combien les indicateurs de l'état de santé, les risques sanitaires, les coûts, les allocations de ressource et les résultats des systèmes de santé varient grandement selon les pays.

➤ **Panorama de la société** *(publication bisannuelle)*
Ce recueil d'indicateurs publié tous les deux ans par l'OCDE montre comment l'équité, la santé et la cohésion sociale progressent dans chaque pays membre. Les statistiques présentées couvrent des sujets aussi divers que l'emploi, les performances scolaires, la pauvreté, les inégalités de revenus, l'espérance de vie et la cohésion sociale, soit un instantané éclairant du bien-être social dans les pays de l'OCDE et un outil indispensable pour analyser les questions sociales dans leur diversité et leur interdépendance.

➤ **Du bien-être des nations** *(2001)*
Dans un monde en rapide évolution, la réussite des nations, des collectivités et des individus est sans doute plus que jamais liée à leur faculté de s'adapter au changement, à l'apprentissage et au partage du savoir. *Du bien-être des nations* approfondit les concepts de capital humain et de capital social et examine leur impact sur la croissance économique et le bien-être. Il est prouvé que le capital humain et le capital social jouent un rôle clé en contribuant notamment à l'augmentation des revenus, à la satisfaction personnelle et à la cohésion sociale. Les politiques publiques ont certes peu d'influence à court terme sur la qualité, le stock et la distribution du capital humain et social, mais, comme le montre *Du bien-être des nations,* il existe des domaines dans lesquels le public, le privé et les autres acteurs de la société peuvent agir pour améliorer les choses à long terme.

➤ **Pauvreté et santé (Lignes directrices et ouvrages de référence du CAD)** *(2003)*
La santé est un enjeu clé du développement. Outre son importance évidente pour les individus, l'investissement dans la santé est un vecteur important, et jusqu'ici sous-estimé, du développement économique. Cet ouvrage, publié conjointement par l'OCDE et l'Organisation mondiale de la santé, cerne les composantes essentielles d'une approche de la santé favorable aux pauvres. Il offre un cadre d'action, au sein et au-delà du système de santé, reposant notamment sur les politiques menées dans d'autres domaines et les initiatives mondiales. *Pauvreté et santé* s'adresse aux membres des organismes d'aide chargés d'élaborer et de mettre en œuvre les politiques de développement, ainsi qu'aux décideurs des pays partenaires.

Sont également mentionnés dans ce chapitre :

➤ Panorama des statistiques de l'OCDE 2006 : Économie, environnement et société

➤ La société créative du XXIe siècle

➤ La nouvelle économie: mythe ou réalité? Le rapport de l'OCDE sur la croissance *(2001)*

7

Prendre les bonnes mesures

Obtenir un diplôme est un accomplissement, mais l'ensemble de nos talents et de nos capacités ne tiendra jamais sur un bout de papier. Il en va de même pour les indicateurs économiques : ils ne reflètent qu'imparfaitement l'importance du capital humain et social dans le sentiment de bien-être d'une société.

En guise de préambule...

Nous vivons dans un monde où tout peut être mesuré ou presque. On nous pèse et on nous mesure dès notre naissance, et on nous mesure une dernière fois après notre mort. Entre-temps, presque tous les aspects de notre vie peuvent être jaugés, et ils le sont souvent : notre développement physique, nos résultats scolaires, notre valeur aux yeux d'un employeur, nos capacités sportives...

Mesurer certains indicateurs permet au médecin de suivre la croissance d'un enfant, aux gouvernements d'affecter les ressources là où elles sont nécessaires et aux électeurs de demander des comptes à leurs élus. Ce n'est pourtant pas uniquement une question de faits objectifs et de chiffres bruts. Mesurer implique une interprétation et parfois des décisions controversées. En effet, décider de mesurer quelque chose revient souvent à décider de ce qu'on ne mesure pas.

Prenons par exemple le PIB (produit intérieur brut), l'une des mesures de l'activité économique les plus couramment utilisées. Le PIB mesure l'ensemble de l'activité productive d'une économie ou, du moins, toute l'activité productive pour laquelle les individus sont prêts à payer. Mais il ne mesure pas le temps que les parents passent à apprendre à lire à leurs enfants – une activité à l'évidence productive –, pas plus que le temps libre et les loisirs.

Dans le monde des affaires, on a coutume de dire « qu'on ne peut pas gérer ce qu'on ne peut pas mesurer ». Même si une telle formule comporte une part de vérité, cela revient à omettre beaucoup d'éléments dont le manager a besoin pour diriger efficacement l'entreprise : la dynamique d'équipe, les forces et les faiblesses de chacun... De la même façon, certaines activités dont la valeur sociale et environnementale est indéniable, mais dont la valeur monétaire n'est pas évidente, ne sont pas pleinement reconnues ni encouragées, du simple fait qu'elles ne sont pas mesurées, si tant est qu'il soit possible de le faire.

▶ Comme vous l'avez sûrement deviné, ce chapitre portera sur la question de la mesure. Tout d'abord, nous examinerons comment sont mesurées certaines formes de capital humain et social et, plus important encore, ce que ces mesures laissent de côté. Puis nous verrons comment certains États complètent les instruments traditionnels de mesure de l'économie tels que le PIB par des mesures du capital humain, du capital social et d'autres formes de capital afin de dresser un tableau plus complet de leur santé économique et sociale. Enfin, nous reviendrons sur les défis clés auxquels sont confrontés les pays qui veulent continuer à développer le capital humain de leurs citoyens.

Comment mesure-t-on le capital humain et social?

Certaines choses sont faciles à mesurer. Rien de plus simple que de mesurer **directement** la température : il suffit d'un thermomètre. Mais les choses se compliquent si on veut savoir quelle température il faisait il y a 200 ans. À moins que quelqu'un n'ait tenu un relevé à l'époque, nous en sommes réduits à faire des déductions en consultant des archives naturelles telles que les anneaux de croissance d'un arbre. Plus l'anneau est large, plus l'année à laquelle il correspond était chaude. Cela ne nous apprend cependant pas quelle température il faisait : nous disposons seulement d'une **variable de substitution,** ou de remplacement, qui nous permet de déterminer grossièrement la température qu'il pouvait faire alors.

De la même façon, on ne peut pas mesurer directement le capital humain et le capital social, ni pour les individus ni à l'échelle de la société. Pour les mesurer, nous devons recourir à des variables de substitution, et chacune d'elle a ses avantages et ses inconvénients.

Mesurer le capital humain...

L'une des variables de substitution les plus couramment utilisées pour mesurer le capital humain est le temps que les individus ont passé à l'école ou le type de formation qu'ils ont reçue. La plupart des pays conservant des dossiers scolaires complets, les avantages de cette variable sont évidents. Mais ces dossiers ne nous apprennent malheureusement pas ce que les élèves ont appris. Ce qu'on leur enseigne et ce qu'ils ont réellement appris sont en effet deux choses distinctes, qu'il s'agisse des matières scolaires, des valeurs et des attitudes sociales, ou de la capacité à poursuivre son apprentissage par soi-même. Comment déterminer la valeur de cinq ans de scolarité? Elle peut différer selon l'école, de la même façon que la somme de travail nécessaire pour obtenir un diplôme n'est pas nécessairement la même dans tous les systèmes éducatifs.

Une autre approche consiste à tester les individus sur ce qu'ils savent, ce que font des projets de l'OCDE tels que PISA (voir chapitre 4). De telles évaluations ont beau être utiles pour effectuer des comparaisons internationales, elles ne portent que sur un éventail restreint d'aptitudes et de compétences. Et comme pour toute étude, l'échantillon retenu peut être trop réduit ou trop peu représentatif pour garantir la précision des résultats.

On peut également essayer de déterminer la valeur économique du stock de capital humain d'un pays. En règle générale, on commence par établir les niveaux d'aptitudes, de compétences et de formation des individus, puis on s'intéresse à ce qu'ils gagnent. Mais cette approche pose un certain nombre de problèmes. Tout d'abord, en se focalisant sur le capital humain *individuel*, on risque de laisser de côté les aptitudes et les capacités *collectives* qui peuvent contribuer à accroître la productivité de chacun. Ensuite, cette approche présuppose que les aptitudes d'un individu se traduisent automatiquement par un niveau de revenus donné, alors que nous savons que bien d'autres facteurs – sexe, tempérament, personnalité – influent sur la valeur que les organisations attribuent aux individus.

De la même manière, on a essayé de mesurer la **valeur sociale** du capital humain en calculant ce que coûteraient ses bénéfices (par exemple, un meilleur état de santé) si on les achetait par d'autres moyens. Ces approches sont intéressantes et semblent montrer que l'accroissement du capital humain procure des bénéfices sociaux importants. Mais, comme souvent dans ce domaine, elles ne permettent pas de trancher la question du lien de causalité : dans quelle proportion est-ce le capital humain qui contribue à la santé ou la santé qui contribue au capital humain ?

Le capital humain est difficile à mesurer. Voilà le fond du problème. Toute mesure individuelle ne nous donne que des indications individuelles. Et pour obtenir un tableau d'ensemble, il nous faut combiner plusieurs indicateurs différents mais, même dans ce cas, nous devons être conscients des limites de ce qu'ils nous apprennent.

> **« Les calculs à indice unique du capital humain doivent être complétés par des mesures plus spécifiques reposant sur une évaluation directe des connaissances et des qualifications dans les organisations. »**
>
> *Du bien-être des nations*

… et le capital social

Il est plus difficile encore de mesurer le capital social, ce qui n'a rien d'étonnant étant donné que ce concept en est encore à ses balbutiements. En raison de la diversité de ses sources (réseaux, normes, valeurs et convictions communes), on le mesure généralement en se fondant sur un large éventail d'éléments (appartenance à un niveau donné au sein des organisations, taux de participation aux élections, fréquence à laquelle les individus rendent visite à leur famille) et sur des études portant sur ce que les individus pensent de la société dans laquelle ils vivent.

L'objectif est d'arriver à une mesure qui soit **complète** et respecte un **équilibre** entre les éléments objectifs (par exemple, l'appartenance à une association) et les éléments subjectifs (par exemple, les réponses à une enquête). Toutefois, aucune mesure ne sera jamais assez complète pour englober tous les aspects de l'interaction sociale et de la coopération entre les individus.

Une autre approche consiste à mesurer ce qu'on *pourrait* considérer comme le résultat de l'absence de capital social : criminalité, taux d'homicide, incivilités. Il est important d'utiliser ce conditionnel, car nous n'en savons pas assez sur les causes du capital social et sur celles des troubles à l'ordre public pour comprendre entièrement leurs liens.

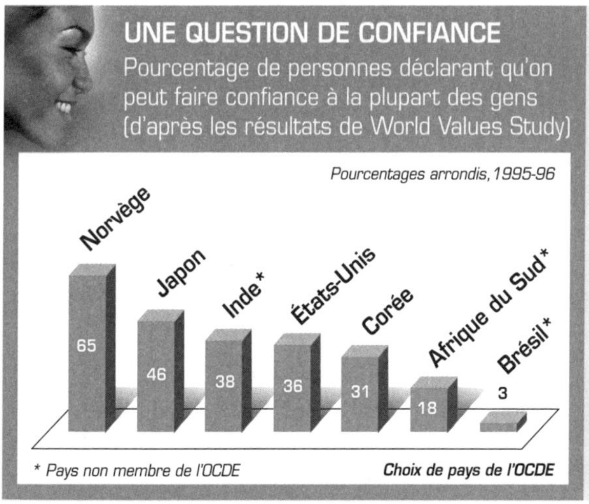

On mesure généralement la confiance en demandant aux gens s'ils font confiance aux autres. Certains chercheurs ont également mené des expériences visant à tester les niveaux de confiance, par exemple en laissant tomber des portefeuilles dans la rue et en notant combien sont rendus à leur propriétaire.

Source : Du bien-être des nations : Le rôle du capital humain et social.

Enfin, on considère parfois que la **confiance** est une bonne valeur de substitution du capital social. Il est impossible de mesurer la confiance en tant que telle, mais des enquêtes permettent de savoir si les individus font ou non confiance à leurs concitoyens. Le problème est que la confiance n'a pas forcément la même signification dans toutes les cultures. Elle est rarement répartie de façon égale dans tous les groupes sociaux et, dans certains pays comme la France, les niveaux de confiance des individus sont relativement élevés à l'égard de leur famille, mais beaucoup plus bas à l'égard de la société en général. Si la confiance n'est pas une variable de substitution parfaite du capital social, beaucoup de spécialistes des sciences sociales estiment qu'elle tient plutôt bien la route comparée à d'autres mesures plus larges.

Peut-on mesurer tout ce qui compte?

Le Bhoutan est un lieu unique au monde. Ce petit royaume situé dans l'Himalaya fait partie des pays les moins développés. Les routes y étaient encore inconnues jusqu'au début des années 60, la télévision y était bannie jusqu'à la fin des années 90 et, aujourd'hui encore, le nombre de touristes qui peuvent mettre les pieds dans ce pays isolé et montagneux est contingenté.

Les Bhoutanais sont en grande majorité bouddhistes, ce qui influe sur presque tous les aspects de leur vie, notamment leur conception de la croissance économique. Les bouddhistes considèrent généralement que la soif de biens matériels est un obstacle à l'éveil spirituel. D'où la prudence des dirigeants bhoutanais lorsqu'il est question de croissance. Elle n'est bénéfique à leurs yeux que si elle accroît le « bonheur national brut », ou BNB, et s'il faut choisir entre le PIB et le BNB, ils pensent que le BNB doit passer en premier.

Comment peut-on définir clairement ou calculer objectivement le BNB? La tâche n'est pas aisée, mais le Centre d'études du Bhoutan, situé dans la capitale Thimphu, est bel et bien en train de mettre au point un indice de BNB. Lorsqu'il sera rendu public, cet indice reposera probablement sur des catégories telles que la santé, les niveaux d'éducation, la diversité environnementale et la vitalité culturelle.

Cela a tout l'air d'une excentricité, mais le petit royaume himalayen n'est pas seul à emprunter cette voie. D'autres pays développent des jeux d'indicateurs alternatifs qui pourraient inclure des mesures du niveau de capital humain, entre autres formes de capital. Ces indicateurs ont notamment pour but de dresser un tableau d'ensemble du bien-être national, mais ils visent surtout à montrer si le capital dont disposent les nations, sous toutes ses formes, est suffisant pour assurer un développement économique durable.

Un mot sur le PIB

Qu'est-ce qui cloche avec les indicateurs économiques existants? Pour citer Albert Einstein : « Tout ce qui peut être compté ne compte pas nécessairement. Et tout ce qui compte ne peut pas nécessairement être compté. »

À bien des égards, les indicateurs traditionnels remplissent bien leur fonction. Le PIB, qui exprime la taille d'une économie nationale, présente beaucoup d'atouts : il est largement utilisé et, en règle générale, régulièrement mis à jour, ce qui permet de comparer les performances des économies à l'échelle internationale. Comme il s'agit également d'une mesure globale, il donne une vision instantanée et complète de l'état d'une économie. Le PIB est si utile qu'il est devenu l'étalon-or du progrès économique : les gouvernements en tirent une fierté lorsqu'il augmente et se confondent en excuses dans le cas contraire.

Si le PIB nous en dit long sur l'activité économique, il reste muet lorsqu'il s'agit de déterminer si une activité est bénéfique ou préjudiciable pour la société. Aussi étrange que cela paraisse, les accidents de la route contribuent au PIB, tout comme les soins donnés aux victimes, le remorquage du véhicule accidenté et l'achat d'un nouveau véhicule. Les accidents de la route sont donc bénéfiques en termes de PIB, mais préjudiciables pour la société.

Cela tient en grande partie au fait que la croissance économique, telle que le PIB la traduit, est un amalgame d'éléments bénéfiques et d'éléments préjudiciables. Que cet amalgame soit généralement positif n'en fait pas pour autant un objectif en soi. La croissance économique aide à lutter contre la pauvreté, à financer l'éducation, à améliorer les soins de santé et à élargir l'éventail de choix des gouvernements et des sociétés. Et elle procure aux individus des revenus plus importants, qu'ils peuvent investir, pour eux-mêmes ou pour leur famille, pour améliorer leur santé, leur niveau de vie et leur bien-être. Mais si la croissance économique fait des gagnants, elle peut aussi faire des perdants : ce sont les individus et les communautés qui n'ont pas les ressources nécessaires pour être compétitifs et qui se retrouvent pris dans le piège de la pauvreté.

> **« ... la croissance de la production économique, au lieu d'être un objectif en soi, élargit la palette des choix qui s'offre à l'être humain... »**
>
> *Du bien-être des nations*

Le PIB ne rend pas compte de cette complexité (pour être juste, précisons que ce n'est qu'un des nombreux indicateurs utilisés par les économistes, et d'autres indicateurs, comme le coefficient de Gini, traduisent les inégalités de revenus). D'où l'intérêt croissant pour les indicateurs donnant une meilleure compréhension de la santé des sociétés et de leur capacité à poursuivre leur croissance.

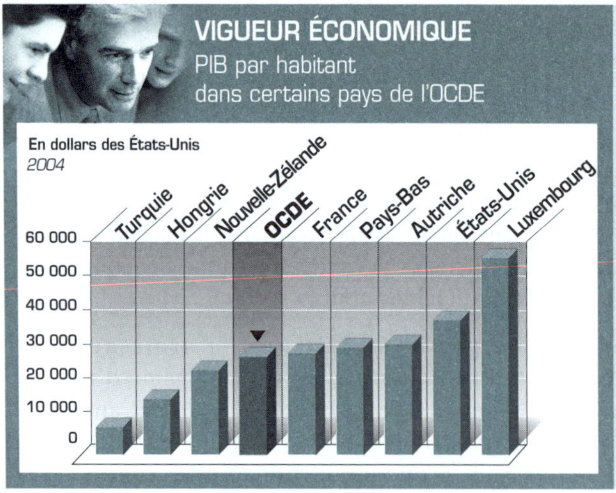

On calcule le PIB par habitant en divisant la totalité du produit économique intérieur d'un pays par son nombre d'habitants. C'est un indicateur privilégié de la vigueur d'une économie.

Pour consulter les données portant sur les 30 pays de l'OCDE, utilisez le StatLink ci-dessous.

Source : Panorama des statistiques de l'OCDE 2006. StatLink : *http://dx.doi.org/10.1787/*186323381684

La mesure de toutes choses

Le recherche de tels indicateurs découle pour une large part de la notion de **développement durable**. Assurer un développement durable signifie que la satisfaction de nos besoins ne doit pas hypothéquer la capacité des générations futures à satisfaire les leurs. Autrement dit, pour que le développement soit durable, nous devrons laisser à la prochaine génération un environnement propre et une société où chacun pourra donner tout son potentiel.

Rien d'étonnant que le développement durable mette l'accent sur les questions environnementales. Mais la santé des sociétés et le capital humain restent des préoccupations importantes, notamment parce que l'éducation détermine pour une grande part les perspectives qui s'offrent aux individus tout au long de leur vie.

Comme pour le BNB du Bhoutan, les indicateurs alternatifs s'appuient généralement sur un large éventail d'éléments – mesures de l'état de santé des individus, des ressources environnementales, des inégalités sociales –, ce qui constitue à la fois une force et une faiblesse. Si cela permet de dresser un tableau plus complet et plus réaliste de la richesse réelle d'un pays, sous toutes ses formes, cela amène aussi à se demander quels éléments on doit inclure dans l'indicateur et quel poids on doit accorder à chacun d'eux.

> **« Pour progresser vers le développement durable, les objectifs d'efficacité économique croissante doivent intégrer les objectifs sociaux et environnementaux. »**
>
> Candice Stevens, *Measuring Sustainable Development*

Si l'indicateur repose sur un trop grand nombre d'éléments, il risque de devenir incompréhensible et de perdre de sa pertinence. À l'inverse, s'il comporte trop peu d'éléments, il risque de brosser un tableau peu représentatif de la réalité. De plus, un indicateur unique, dérivé de multiples indicateurs environnementaux, sociaux et humains, peut au bout du compte dissimuler autant qu'il révèle. Le risque est en effet de traiter des choses aussi différentes que les ressources environnementales et le capital humain comme des éléments interchangeables, ce qu'ils ne sont à l'évidence pas. Sans compter, comme pour tout indicateur social ou économique, la multitude de difficultés pratiques rencontrées dans la collecte de chiffres précis et à jour.

De nombreux pays de l'OCDE ont cependant développé ou sont en train de développer des indicateurs alternatifs pour compléter des mesures tels que le PIB. Au Canada, par exemple, une commission mise sur pied par le gouvernement a recommandé la création d'un système d'évaluation des ressources du pays en matière de capital naturel, de capital humain et de capital social. Aux yeux de cette commission, de tels actifs sont « au moins aussi importants pour l'économie future que les usines et les machines ». D'autres pays ont également adopté une approche axée sur cette notion élargie du capital afin de mieux cerner l'état de l'environnement et de la société.

Des pressions croissantes s'exerçant sur notre environnement et l'importance économique du capital humain étant de plus en plus reconnue, il est probable que davantage de gouvernements se tourneront à l'avenir vers de telles approches.

En guise de conclusion

En 1807, le député britannique Davies Giddy mena une vive campagne contre un projet de loi visant à accorder deux ans d'enseignement gratuit aux enfants âgés entre 7 et 14 ans. Selon Davies Giddy, éduquer les classes pauvres serait « nuisible à leur moralité et à leur bonheur : cela leur apprendrait à mépriser leur sort dans cette vie, au lieu d'en faire de bons serviteurs dans l'agriculture et dans les autres tâches laborieuses auxquelles les a voués leur place dans la société ».

La loi ne fut pas adoptée, mais la victoire de Davies Giddy fut de relativement courte durée. Deux cents ans plus tard, les jeunes Britanniques sont scolarisés pendant 12.6 ans en moyenne, soit légèrement plus que la moyenne de 11.9 ans de la zone OCDE. Quelques pays de l'OCDE tels que le Mexique, le Portugal et la Turquie, ont encore du chemin à faire pour combler leur retard. Mais, globalement, la plupart des pays développés s'approchent du niveau plafond en matière de durée de scolarité. Dans la plupart des pays de l'OCDE, l'enseignement est gratuit jusqu'à l'âge de 18 ans environ, et dans beaucoup de pays les jeunes peuvent poursuivre leurs études et aller à l'université gratuitement.

Dans une bonne partie du monde développé, l'enseignement de masse s'est généralisé au point d'atteindre ses limites naturelles. Le nombre d'années que les individus consacrent à l'éducation ne constitue donc plus, jusqu'à un certain point, l'instrument de mesure privilégié du capital humain. À l'avenir, ce sera de plus en plus la **qualité** de l'éducation reçue, et non sa quantité, qui différenciera les pays en la matière – autrement dit l'existence de systèmes éducatifs permettant aux individus de développer l'intégralité de leurs talents et de leurs aptitudes tout au long de leur vie.

Un défi pour l'éducation

Ce processus peut s'amorcer dès l'éducation préscolaire. De plus en plus de femmes étant actives, la question des besoins des enfants d'âge préscolaire se pose avec une acuité croissante dans nos sociétés. Plutôt que de l'envisager comme un problème, il serait préférable d'y voir une opportunité. Il est en effet possible de réduire l'impact de la pauvreté sur ces enfants en planifiant bien l'éducation et les soins qui leur sont destinés. L'éducation préscolaire peut en particulier aider les enfants issus de l'immigration à apprendre une nouvelle langue et à cultiver un sentiment d'appartenance à la société dans laquelle ils grandissent.

> **« Dans plusieurs pays, des politiques destinées à étendre l'accès aux services en faveur des jeunes enfants aux immigrants et aux groupes ethniques minoritaires ont été appliquées afin d'immerger les enfants et leur famille dans la langue et les traditions de la société dans son ensemble, et d'offrir aux parents des occasions d'établir des contacts sociaux et de bâtir des réseaux. »**
>
> *Petite enfance, grands défis I*

Viennent ensuite les années de scolarité, cette longue période au cours de laquelle, d'enfants dépendants de nos parents, nous devenons de jeunes adultes qui font leur chemin dans la vie. Ce n'est un secret pour personne : l'école ne nous y prépare pas toujours aussi bien qu'elle le devrait. Les handicaps socio-économiques dont souffrent les familles défavorisées peuvent se transmettre à leurs enfants pendant la scolarité, au point de déterminer leur avenir. En Allemagne, par exemple, les enfants peuvent être orientés vers l'enseignement professionnel dès l'âge de 10 ans. Quelles que soient ses toutes premières performances scolaires, un enfant a ainsi quatre fois plus de chances de prendre le chemin de l'université s'il est né dans une famille de cols blancs plutôt que dans une famille de cols bleus.

En soi, il n'y a rien à redire à l'enseignement professionnel. L'Allemagne a du reste le mérite de l'avoir préservé à une époque où d'autres pays le laissaient dépérir, privant ainsi les jeunes d'une voie d'enseignement importante. Mais ce sont les talents et les capacités d'un enfant qui devraient déterminer s'il pourra aller ou pas à l'université, et non son milieu d'origine.

Notre milieu social tend aussi à jouer un rôle trop marqué en matière d'apprentissage et de formation postscolaires. En raison du vieillissement démographique, beaucoup de gouvernements souhaitent que les individus retardent leur départ à la retraite, ce qui suppose qu'ils continuent à mettre à jour leurs talents et leurs aptitudes. Or, bien souvent, les personnes issues de milieux défavorisés ne peuvent le faire que si elles reçoivent une aide considérable de l'État, ce qui a évidemment un coût.

Il est donc essentiel de développer le capital humain. Mais de quelle manière le financerons-nous dans les années à venir? Nos sociétés auront des décisions difficiles à prendre, car les ressources sont limitées et leur affectation est d'une importance cruciale pour l'avenir.

Au niveau préscolaire, beaucoup de pays consacrent déjà davantage de ressources aux soins et à l'éducation des enfants, même si c'est probablement encore insuffisant. Par ailleurs, la tentation existe de réduire les financements destinés à l'école en raison de la diminution des effectifs scolaires due aux changements démographiques. Mais agir ainsi équivaudrait à rater l'occasion d'introduire des innovations en classe et de concevoir des formules d'enseignement adaptées aux jeunes dont les besoins ne sont pas pris en compte aujourd'hui.

En matière d'éducation supérieure, de plus en plus de voix se font entendre pour demander que les étudiants assument une plus grande part des coûts. L'argument est le suivant : comme les diplômes de l'enseignement supérieur se traduisent par des niveaux de salaire nettement plus élevés, il est légitime que les étudiants paient une partie du coût de leur enseignement. Il se peut que cette option soit sensée, mais cela pose néanmoins la question de l'accès à l'université : les frais de scolarité ne devraient en aucun cas être un obstacle pour les jeunes issus de familles défavorisées.

Préparer l'avenir

En améliorant le capital humain, l'éducation a déjà contribué à faire des pays développés ce qu'ils sont aujourd'hui. Les économies et les individus sont plus riches que jamais, et nous vivons désormais plus longtemps et en meilleure santé.

Mais le long processus d'accroissement du capital humain n'est pas terminé. Quelle est la prochaine étape? Voulons-nous une « société de gagnants », où les ressources économiques et éducatives iraient aux individus les plus talentueux et les plus instruits, quitte à laisser tous les autres sur le bord du chemin? Voulons-nous une société où les inégalités économiques – qui parfois incitent vivement les individus à améliorer leur sort – deviennent un piège inextricable pour ceux qui n'ont pas assez de capital éducatif, social et économique?

Ou voulons-nous créer une société qui donne à tous, sans distinction de sexe, de classe sociale ou d'origine ethnique, la chance de faire ses preuves? Est-il acceptable à nos yeux, chaque société ayant ses gagnants et ses perdants, que des enfants ne puissent pas tirer le meilleur parti de leurs capacités à cause de leur milieu social d'origine? Est-il acceptable qu'ils n'aient pas la chance de s'épanouir tout en contribuant pleinement au bien-être de la société dans laquelle ils vivent?

À nous de décider.

Pour en savoir plus

➤ **Réformes économiques : Objectif croissance 2006** *(2006)*
Dans tous les pays de l'OCDE, les gouvernements entreprennent des réformes structurelles pour renforcer la croissance économique. Cette édition 2006 dresse un bilan des progrès réalisés dans la mise en œuvre des réformes visant à améliorer la productivité et l'utilisation de la main-d'œuvre, qui étaient identifiées comme prioritaires dans l'édition 2005. Elle présente aussi des indicateurs comparatifs couvrant différents domaines de la politique structurelle, comme les marchés du travail, l'éducation et la réglementation des marchés de produits. Cette édition accorde une place importante au moteur essentiel de la croissance économique qu'est l'innovation; elle propose des indicateurs comparatifs sur la performance et les politiques pertinentes dans ce domaine, ainsi que des recommandations pour améliorer les résultats de chaque pays de l'OCDE. Cette édition comprend également deux chapitres analytiques sur la régulation des systèmes financiers et de la croissance économique et sur les indicateurs alternatifs du bien-être.

➤ **Panorama des statistiques de l'OCDE** *(publication annuelle)*
Le *Panorama des statistiques de l'OCDE* offre chaque année un tableau statistique à la fois complet et dynamique de l'économie, de l'environnement et de la société de tous les pays de l'OCDE et d'un certain nombre de pays non membres. Il contient plus de cent indicateurs consacrés à de nombreux domaines : économie, agriculture, éducation, énergie, environnement, aide extérieure, santé et qualité de la vie, industrie, information et communications, population et main-d'œuvre, échanges et investissement, fiscalité, dépenses publiques et recherche-développement. Chaque indicateur est accompagné d'une brève introduction, d'une définition détaillée, de commentaires sur la comparabilité des données, d'une évaluation des tendances à long terme et d'une bibliographie. Pour chaque tableau, un lien dynamique (StatLink) dirige le lecteur vers une page web où les données correspondantes sont offertes en format Excel®.

➤ **Comprendre la croissance économique : Analyse au niveau macroéconomique, au niveau sectoriel et au niveau de l'entreprise** *(2004)*
Un instrument irremplaçable pour analyser la croissance économique dans les pays de l'OCDE à travers des données factuelles et chiffrées. Cet ouvrage examine le profil de croissance des pays de l'OCDE au cours de la dernière décennie et relève les facteurs fondamentaux de la croissance. Il montre en quoi (et pourquoi) chaque économie réagit différemment à l'évolution de ces facteurs. L'ouvrage étudie la croissance au niveau macroéconomique, au niveau sectoriel et au niveau de l'entreprise, et analyse la contribution des technologies de l'information à chacun de ces niveaux. Étayé par plus de cinquante tableaux et graphiques, *Comprendre la croissance économique* propose un jeu de données sans équivalent pour comprendre la véritable nature de la croissance économique.

Sont également mentionnés dans ce chapitre :

➤ Du bien-être des nations : Le rôle du capital humain et social *(2001)*

➤ Cahiers statistiques n° 10, mars 2006 : Mesurer le développement durable

➤ Petite enfance, grands défis : Éducation et structures d'accueil *(2001)*

Statistiques supplémentaires

Abréviations utilisées dans ces tableaux :

c : observations trop peu nombreuses pour que les estimations soient fiables.

m : données non disponibles.

A-1 : TAUX D'EMPLOI DES FEMMES

Pourcentage des femmes en âge de travailler (15 à 64 ans) qui travaillent

	1990	1992	1994	1996	1998	2000	2002	2004
Allemagne	52.2	55.7	54.7	55.5	56.3	58.1	58.8	59.9
Australie	57.1	55.5	56.4	58.7	59.4	61.8	62.1	62.6
Autriche	..	..	58.8	58.2	58.5	59.4	61.0	60.7
Belgique	40.8	44.6	44.8	45.6	47.5	51.9	51.1	53.0
Canada	62.7	60.9	61.0	61.4	63.3	65.6	67.0	68.4
Corée	49.0	48.7	49.8	51.1	47.3	50.1	52.0	52.2
Danemark	70.6	70.4	67.1	67.4	70.3	72.1	72.6	72.0
Espagne	31.8	32.5	31.5	33.8	36.5	42.0	44.9	49.0
États-Unis	64.0	63.6	65.2	66.3	67.4	67.8	66.1	65.4
Finlande	71.5	63.8	58.7	59.5	61.3	64.5	66.1	65.5
France	50.3	50.8	50.8	51.8	52.4	54.3	55.8	56.7
Grèce	37.5	36.2	37.1	38.5	40.3	41.3	43.1	45.5
Hongrie	..	52.3	47.8	45.5	47.3	49.6	49.8	50.7
Irlande	36.6	37.1	38.9	43.3	48.2	53.3	55.2	55.8
Islande	..	74.0	74.6	76.5	78.3	81.0	79.8	79.4
Italie	36.2	36.5	35.4	36.0	37.3	39.6	42.0	45.2
Japon	55.8	56.9	56.5	56.8	57.2	56.7	56.5	57.4
Luxembourg	41.4	46.2	44.9	43.6	45.6	50.0	51.5	50.6
Mexique	..	35.1	36.2	37.4	40.1	40.1	39.9	41.3
Norvège	67.2	66.7	67.5	70.4	73.6	74.0	73.9	72.7
Nouvelle-Zélande	58.6	57.5	59.9	63.4	62.1	63.5	65.3	66.5
Pays-Bas	47.5	51.0	52.6	55.2	59.4	62.6	64.7	..
Pologne	..	53.1	51.9	51.8	52.2	48.9	46.4	46.4
Portugal	55.4	56.1	55.0	55.6	58.3	60.5	60.8	61.7
République slovaque	..	..	52.6	54.6	53.5	51.5	51.4	50.9
République tchèque	..	..	61.0	60.6	58.7	56.9	57.1	56.0
Royaume-Uni	62.8	61.9	62.1	63.3	64.2	65.6	66.3	66.6
Suède	81.0	76.3	70.7	69.9	69.4	72.2	73.4	71.8
Suisse	..	67.0	65.6	67.2	68.8	69.3	71.5	70.3
Turquie	32.9	31.9	30.4	30.3	28.5	26.2	26.6	24.3
Total OCDE	53.9	52.7	52.9	53.7	54.5	55.3	55.3	55.6

Source : Panorama des statistiques de l'OCDE 2006. StatLink : *http://dx.doi.org/10.1787/018572032600*

L'augmentation du taux d'emploi des femmes amène à repenser la façon dont on s'occupe des enfants d'âge préscolaire.

A-2 : ÉVOLUTION DES EFFECTIFS SCOLAIRES ENTRE 2005 ET 2015

Évolution démographique et impact indicatif sur les dépenses d'enseignement, les effectifs scolaires et le nombre de diplômés

	Évolution démographique (2005 = 100)						Impact indicatif de l'évolution			
	Groupe d'âge						Estimation du pourcentage de variation			
	0-4	5-14	15-19	20-29	30+	Tous groupes d'âge confondus	... du total des dépenses au titre des établissements d'enseignement	... des effectifs d'élèves du primaire et du premier cycle du secondaire	... du taux d'obtention d'un diplôme de fin d'études secondaires	... du taux d'obtention d'un premier diplôme de niveau tertiaire
Australie	107	96	97	110	116	110	-0	-4	-3	10
Autriche	93	85	88	102	105	101	-10	-15	-12	2
Belgique	94	93	94	100	104	101	-5	-7	-6	0
Canada	102	91	94	108	114	109	m	-9	-6	8
République tchèque	97	88	70	80	108	99	-18	-12	-30	-20
Danemark	91	93	115	109	103	102	1	-7	15	9
Espagne	99	116	91	66	111	103	m	16	-9	-34
Finlande	101	90	95	100	106	102	-5	-10	-5	-0
France	95	102	96	97	106	103	-1	2	-4	-3
Allemagne	99	86	86	104	102	100	-9	-14	-14	4
Grèce	94	96	89	76	109	101	m	-4	-11	-24
Hongrie	91	85	81	82	105	97	-16	-15	-19	-18
Islande	95	95	100	102	115	108	m	-5	0	2
Irlande	104	119	91	85	123	113	m	19	-9	-15
Italie	87	97	96	85	103	100	-6	-3	-4	-15
Japon	93	96	93	79	105	100	-10	-4	-7	-21
Corée	90	71	95	88	116	103	-18	-29	-5	-12
Luxembourg	103	105	119	109	115	113	m	5	19	9
Mexique	91	92	100	106	132	111	-4	-8	-0	6
Pays-Bas	88	95	103	109	105	103	-1	-5	3	9
Nouvelle-Zélande	97	94	94	117	111	107	-1	-6	-6	17
Norvège	97	92	108	114	106	105	1	-8	8	14
Pologne	101	81	69	82	111	99	-20	-19	-31	-18
Portugal	93	100	100	79	110	103	-4	0	0	-21
République slovaque	97	79	71	83	113	100	-20	-21	-29	-17
Suède	106	93	84	117	104	103	-2	-7	-16	17
Suisse	93	83	96	108	104	101	-7	-17	-4	8
Turquie	97	101	108	100	128	113	2	1	8	-0
Royaume-Uni	100	91	92	113	105	103	-4	-9	-8	13
États-Unis	105	103	100	113	111	109	7	3	0	13
Moyenne OCDE	97	94	94	97	110	104	-6	-6	-6	-3

Source : Regards sur l'éducation 2006.

StatLink : *http://dx.doi.org/10.1787/105872335482*

L'évolution démographique va entraîner une chute du nombre d'étudiants dans beaucoup de pays de l'OCDE, ce qui affectera le mode de financement de l'enseignement.

A-3 : ESSOR DE L'ENSEIGNEMENT TERTIAIRE

Taux de participation à l'enseignement tertiaire des 25-64 ans, en pourcentage des effectifs de ce groupe d'âge

	1991	1992	1993	1994	1995	1996
Allemagne	20.5	20.1	..	20.4	22.2	21.8
Australie	21.8	..	22.5	23.1	24.3	24.8
Autriche	6.7	7.0	..	7.7	7.9	8.1
Belgique	19.6	20.2	..	22.3	24.6	23.9
Canada	29.9	30.8	..	34.2	34.9	35.6
Corée	14.4	16.1	17.5	17.8	18.6	19.6
Danemark	18.3	19.2	..	19.6	20.4	20.9
Espagne	9.9	13.1	..	15.0	16.1	17.5
États-Unis	30.1	30.2	..	32.2	33.3	33.9
Finlande	25.0	25.9	..	26.8	27.7	28.4
France	15.2	16.0	17.1	17.8	18.6	19.2
Grèce	..	..	..	17.9	17.4	18.9
Hongrie	..	..	..	..	..	13.4
Irlande	15.9	17.0	..	18.6	19.9	22.6
Islande	..	..	..	..	..	20.8
Italie	6.1	6.4	..	7.5	7.9	8.1
Japon	..	..	..	..	..	..
Luxembourg	..	..	..	..	18.1	19.0
Mexique	..	..	..	..	11.9	13.2
Norvège	24.8	25.3	..	27.4	28.6	26.9
Nouvelle-Zélande	22.9	23.6	..	23.2	25.3	..
Pays-Bas	19.6	20.9	..	21.4	22.0	22.5
Pologne	..	..	..	..	9.9	..
Portugal	6.7	..	..	10.7	11.0	10.9
République slovaque	..	..	..	11.3	11.1	11.5
République tchèque	..	..	..	10.1	10.6	10.4
Royaume-Uni	16.3	18.5	..	21.3	21.9	22.3
Suède	25.2	25.8	..	27.0	28.3	27.4
Suisse	20.3	21.0	..	21.4	21.1	21.9
Turquie	6.3	4.8	..	7.0	8.4	..
Moyenne OCDE	17.9	19.0	..	19.2	19.3	20.1

Source : Panorama des statistiques de l'OCDE 2006.

L'enseignement tertiaire continue de s'élargir. Il en résulte notamment un niveau de formation moins élevé chez les actifs les plus âgés que chez leurs collègues plus jeunes.

1997	1998	1999	2000	2001	2002	2003
22.6	23.0	22.9	23.5	23.2	23.4	24.0
24.3	25.4	26.7	27.5	29.0	30.8	31.3
10.6	10.9	10.9	13.9	14.1	14.5	14.5
25.1	25.3	26.7	27.1	27.6	28.1	29.0
37.3	38.1	39.2	40.0	41.6	42.6	44.0
19.8	22.5	23.1	23.9	25.0	26.0	29.5
..	25.4	26.5	25.8	26.5	27.4	31.9
18.6	19.7	21.0	22.6	23.6	24.4	25.2
34.1	34.9	35.8	36.5	37.3	38.1	38.4
29.4	30.2	31.3	32.0	32.3	32.6	33.3
20.0	20.6	21.5	22.0	23.0	24.0	23.4
15.5	16.8	17.5	17.6	17.8	18.3	18.3
12.2	13.2	13.5	14.0	14.0	14.2	15.4
22.8	21.1	20.5	21.8	23.7	25.4	26.3
20.9	21.0	22.4	23.2	24.6	26.3	26.3
..	8.6	9.3	9.4	10.0	10.4	10.4
30.4	30.4	31.6	33.4	33.8	36.3	37.4
..	..	18.3	18.3	18.1	18.6	14.9
13.8	13.6	13.4	14.6	15.0	15.3	15.4
25.8	27.4	27.5	28.4	30.2	31.0	31.0
25.8	26.6	27.0	28.0	29.2	29.8	30.9
..	24.2	22.6	23.4	23.2	24.4	24.4
10.2	10.9	11.3	11.4	11.9	12.6	14.2
..	8.3	8.7	8.9	9.1	9.3	10.8
10.5	10.3	10.1	10.4	10.9	11.0	11.8
10.6	10.4	10.8	11.0	11.1	11.9	12.0
22.7	23.7	24.8	25.7	26.1	26.9	28.0
27.5	28.0	28.7	30.1	31.6	32.6	33.4
22.2	22.9	23.6	24.2	25.4	25.2	27.0
7.6	7.5	8.1	8.3	8.4	9.1	9.7
20.8	20.7	21.2	21.9	22.6	23.4	24.1

StatLink : *http://dx.doi.org/10.1787/563320344331*

A-4 : BÉNÉFICES DE L'ENSEIGNEMENT EN TERMES DE REVENUS

Salaire relatif des personnes ayant un revenu d'emploi (2004 ou année la plus récente) (Deuxième cycle d'enseignement secondaire et enseignement post-secondaire non tertiaire = 100)

		Inférieur au 2e cycle du secondaire		Post-secondaire non tertiaire	
		25-64	30-44	25-64	30-44
Allemagne	2004	88	82	109	112
Australie	2001	77	75	92	92
Belgique	2003	89	91	m	m
Canada	2003	78	78	102	104
Corée	2003	67	77	m	m
Danemark	2003	82	81	107	104
Espagne	2004	85	84	c	c
États-Unis	2004	65	66	110	110
Finlande	2003	94	92	m	m
France	2004	85	85	m	m
Hongrie	2004	73	75	120	119
Irlande	2002	76	77	98	96
Italie	2002	78	80	m	m
Luxembourg	2002	78	76	117	120
Pays-Bas	2002	84	84	m	m
Nouvelle-Zélande	2004	75	73	103	101
Norvège	2003	80	89	117	120
Pologne	2004	78	80	99	100
Suède	2003	87	83	120	122
Suisse	2004	74	81	108	107
République tchèque	2004	73	75	m	m
Royaume-Uni	2004	67	69	m	m

1. L'enseignement tertiaire de type B vise à donner aux étudiants des compétences pratiques, techniques et professionnelles qui les préparent à entrer directement sur le marché du travail.
2. L'enseignement tertiaire de type A est en grande partie théorique et vise à donner aux étudiants les compétences nécessaires pour faire de la recherche ou pour intégrer directement des professions hautement qualifiées comme la médecine. (Cette catégorie comprend également les programmes de recherche avancée.)

Source : Regards sur l'éducation 2006.

L'allongement des études a un coût mais entraîne aussi une augmentation des revenus.

Tertiaire de type B[1]		Tertiaire de type A[2]		Ensemble de l'enseignement tertiaire	
25-64	30-44	25-64	30-44	25-64	30-44
128	129	163	153	153	146
111	107	143	146	133	135
114	116	148	148	130	130
112	112	169	172	140	141
111	122	156	161	141	148
115	117	130	124	127	123
104	105	144	141	132	130
114	114	181	182	172	173
122	115	173	162	148	138
125	130	163	167	147	151
138	144	218	222	217	222
113	116	160	160	144	145
m	m	153	137	153	137
129	136	165	171	145	152
m	m	m	m	148	147
102	105	147	142	129	129
141	147	125	134	126	135
154	166	166	170	163	169
106	101	139	134	128	124
142	141	177	175	164	162
126	145	185	193	182	191
124	122	174	181	158	162

StatLink : *http://dx.doi.org/10.1787/215474611731*

A-5 : LIEN ENTRE L'ACCÈS À LA FORMATION DES ADULTES ET LEUR NIVEAU DE SCOLARITÉ

Taux de participation et estimation du nombre d'heures consacré à la formation et à l'éducation non formelles liées à l'emploi, selon le niveau de scolarité, 2003

	Taux de participation pendant un an			
	Premier cycle du secondaire	Deuxième cycle du secondaire[1]	Tertiaire	Tous niveaux de formation confondus
Autriche	5	19	37	19
Belgique	6	15	30	16
Canada[2]	6	20	35	25
République tchèque	3	10	21	11
Danemark	22	36	54	39
Finlande	20	32	54	36
France	9	19	33	19
Allemagne	3	10	24	12
Grèce	n	3	11	4
Hongrie	1	4	9	4
Irlande	5	10	20	11
Italie	1	6	12	4
Luxembourg	3	12	27	12
Pays-Bas	5	11	13	9
Pologne	1	7	29	9
Portugal	4	15	27	7
République slovaque	6	19	37	19
Espagne	3	7	14	6
Suède	24	37	57	40
Suisse	8	27	44	29
Royaume-Uni	7	26	46	27
États-Unis	12	32	56	37
Moyenne OCDE	7	17	31	18
	8	18	31	19
	6	17	32	17

1. Et post-secondaire non tertiaire.
2. Année de référence : 2002.
Source : Regards sur l'éducation 2006.

Les travailleurs diplômés de l'enseignement tertiaire sont plus susceptibles de bénéficier d'une formation formelle liée à leur emploi.

Estimation du nombre d'heures consacré à l'éducation et à la formation entre 25 et 64 ans				Temps de travail (en heures)	Rapport entre le temps de travail et le nombre d'heures de formation par an
Premier cycle du secondaire	Deuxième cycle du secondaire[1]	Tertiaire	Tous niveaux de formation confondus		
140	420	767	422	1 550	27
293	437	719	469	1 542	30
128	517	796	586	1 740	34
34	142	556	182	1 986	9
719	836	1,230	934	1 475	63
497	530	1,003	669	1 718	39
450	692	1,061	713	1 441	49
130	390	650	398	1 441	28
c	c	312	106	1 936	5
c	270	402	253	m	m
82	185	392	203	1 646	12
26	111	254	82	1 591	5
c	189	402	176	1 592	11
216	308	322	283	1 354	21
16	90	513	139	1 984	7
232	c	c	343	1 678	20
43	178	721	225	1 931	12
102	261	503	237	1 800	13
350	562	917	622	1 563	40
212	621	1,301	723	1 556	46
103	297	480	315	1 672	19
c	374	746	471	1 822	26
210	371	669	389	1 668	25
243	393	684	405	m	m
241	370	686	384	m	m

StatLink : *http://dx.doi.org/10.1787/435426871230*

Références

Chapitre 1

Asahi Shimbun, The (2006), « Moving out », *The Asahi Shimbun*, 15 mars 2006, Tokyo.

Norimitsu, O. (2006), « Village Writes its Epitaph: Victim of a Greying Japan », *The New York Times*, 30 avril, New York.

OCDE (1998), *L'investissement dans le capital humain : Une comparaison internationale*, OCDE, Paris.

OCDE (2005), *Indicateurs de l'OCDE sur la mondialisation économique*, OCDE, Paris.

OCDE (2006), *Panorama des statistiques de l'OCDE 2006*, OCDE, Paris.

OCDE (2006), *Rapport annuel de l'OCDE : 2006*, OCDE, Paris.

Ørstrøm Møller, J. (2000), « Vers le mondialisme : causes et conséquences sur le plan social », *La société créative du XXIe siècle*, OCDE, Paris.

Save The Children (2006), *State of the World's Mothers 2006*, Save The Children, Westport, CT.

Chapitre 2

Andreosso-O'Callaghan, B. (2002), « Human Capital Accumulation and Economic Growth in Asia », papier préparé pour le Workshop on Asia-Pacific Studies in Australia and Europe: A Research Agenda for the Future, Australian National University, Canberra, 5-6 juillet.

Barboza, D. (2005), « Ogre to Slay? Outsource it to Chinese », *The New York Times*, 9 décembre, New York.

BBC News (2004), « Bees Survived Dino Extinction », *www.bbcnews.com*, dernière mise à jour 23 novembre.

Blaug, M. (1976), « The Empirical Status of Human Capital Theory: A Slightly Jaundiced Survey », *Journal of Economic Literature*, n° 3, vol. 14, American Economic Association Publications, Pittsburgh, PA.

Bloom, D.E. et River Path Associates (2000), « Capitalisme social et diversité humaine », dans *La société créative du* XXIe *siècle*, OCDE, Paris.

Blundell, R. *et al.* (1999), « Human Capital Investment: the Returns from Education and Training to the Individual, the Firm and the Economy », *Fiscal Studies*, n° 1, vol. 20, Institute for Fiscal Studies, Londres.

Chandler, C. (2005), « India on the Move », *Fortune Asia*, 31 octobre, Hong-Kong.

Cohen, D. (2002), « Human Capital and the HIV Epidemic in Sub-Saharan Africa », Working Paper No. 2, ILO Programme on HIV/AIDS and the World of Work, International Labour Organisations, Genève.

Dhillon, A. (2005), « World's Back Office Hits Staffing Crisis », *South China Morning Post*, 8 octobre, Hong-Kong.

Easterlin, R.A. (1981), « Why Isn't the Whole World Developed? », *The Journal of Economic History*, n° 1, vol. 61, Cambridge University Press, Cambridge.

Economist Intelligence Unit (2005), *South Africa Country Briefing*, novembre, Economist Intelligence Unit, Londres.

Field, John (2005), *Social Capital and Lifelong Learning*, The Policy Press, Bristol.

Hartog, J. (1999), « Behind the Veil of Human Capital », *OCDE Observateur*, n° 215, OCDE, Paris.

Healy, T. (2001), « The Human Capital Approach and The OCDE: How Clear is the International Agenda and Where is it Going », rapport présenté au Queen's Institute on Social Policy, Belfast, 27-29 août.

Lindert, Peter H. (2004), *Growing Public: Social Spending and Economic Growth Since the Eighteenth Century*, Cambridge University Press, Cambridge.

Maddison, A. (1995), *L'économie mondiale : 1820-1992*, OCDE, Paris.

Maddison, A. (2003), *L'économie mondiale : une perspective millénaire*, OCDE, Paris.

OCDE (2001), *L'investissement dans le capital humain : Une comparaison internationale*, OCDE, Paris.

OCDE (2001), *Du bien-être des nations : Le rôle du capital humain et social*, OCDE, Paris.

OCDE (2001), *La nouvelle économie : mythe ou réalité?* Le rapport de l'OCDE sur la croissance, OCDE, Paris.

OCDE (2004), *Completing the Foundation for Lifelong Learning*, OCDE/Studien Verlag, Paris.

OCDE (2004), *Comprendre la croissance économique : Analyse au niveau macroéconomique, au niveau sectoriel et au niveau de l'entreprise*, OCDE, Paris.

OCDE (2005), *Regards sur l'éducation : Les indicateurs de l'OCDE* – Édition 2005, OCDE, Paris.

OCDE (2005), *Statistiques de la population active 1984-2004 :* Édition 2005, OCDE, Paris.

OCDE (2005), *L'OCDE en chiffres*, OCDE, Paris.

OCDE (2005), *Technologie et industrie : Tableau de bord de l'OCDE 2005*, OCDE, Paris.

OCDE (2005), *Les échanges et l'ajustement structurel : Les enjeux de la mondialisation*, OCDE, Paris.

Ørstrøm Møller, J. (2000), « Vers le mondialisme : causes et conséquences sur le plan social », *La société créative du* XXIe *siècle*, OCDE, Paris.

Schofer, E. et J.W. Meyer (2005), « The World-wide Expansion of Higher Éducation », Working Paper No. 32, Center on Democracy, Development and The Rule of Law, Stanford Institute on International Studies, Stanford.

Schultz, T.W. (1961), « Investment in Human Capital », *The American Economic Review*, vol. 51, n° 1, mars 1961, American Economic Association Publications, Pittsburgh, PA, États-Unis.

Smith, A. (1991), *An Inquiry into the Nature and Causes of the Wealth of Nations*, Prometheus Books, New York.

UNAIDS (2006), *2006 Report on the Global AIDS Epidemic*, UNAIDS, Genève.

UNESCO Institute for Statistics, « Youth (15-24) and Adult (15+) Literacy Rates by Country and by Gender for 2000-2004 », *http://stats.uis.unesco.org/ReportFolders/reportfolders.aspx*.

UNESCO-UIS/OCDE (2003), *Financing Education – Investments and Returns: Analysis of the World Éducation Indicators*, Édition 2002, OCDE, Paris.

Wilson, D. et P. Roopa (2003). « Dreaming with BRICs: The Path to 2050 », Global Economics Paper No. 99, 1er octobre, Goldman Sachs, New York.

Chapitre 3

Baker, M. (2005), « Restructuring Family Policies: Trans-National Organizations and "Soft Politicking" for Reform », rapport préparé pour le 9e Australian Institute of Family Studies Conference, Melbourne, 9-11 février.

Brewer, M. et G. Paull (2005), « Newborns and New Schools: Critical Times in Women's Employment », Research Report no 308, Department for Work and Pensions, Corporate Documents Services, Leeds, RU.

d'Addio, A.C. et M. Mira d'Ercole (2005), « Trends and Determinants of Fertility Rates in OECD Countries: The Role of Policies », OECD Social, Employment and Migration Working Paper No. 27, OCDE, Paris.

Economist, The (2005). « Poverty in Latin America: New Thinking About an Old Problem », *The Economist*, 17 septembre, Londres.

Gil Alonso, F. (2005), « The Uneven Distribution of Family Responsibilities Among Women and Men, and its Link with Low Fertility: Some Evidence for European Union Countries from Eurobarometer Data », rapport préparé pour le 25e International Population Conference, IUSSP Tours, France, 18-23 juillet.

Heckman, James J. (2000), « Policies to Foster Human Capital », in *Research in Economics*, vol. 54, no 1, University of Venice/ Elsevier B.V.

Hernándes, E. (2004), « Hacer mortajas ya no es negocio », *El Economista*, 21 décembre, Mexico, D.F.

Immervoll, H. et D. Barber (2005), « Can Parents Afford to Work? Childcare Costs, Tax-Benefit Policies and Work Incentives », OCDE Social, Employment and Migration Working Paper No. 31, OCDE, Paris.

Internal Revenue Service (n.d.), « Tax quotes », United States Department of the Treasury, Washington D.C. *www.irs.gov/newsroom/article/0,,id=110483,00.html.*

Jenson, Jane et D. Saint-Martin (2005), « Building Blocks for a New Social Architecture: The LEGO Paradigm of an Active Society », *Policy and Politics*, The Policy Press, Bristol, UK.

Martin, C.J. (2004), « Reinventing Welfare Regimes: Employers and the Implementation of Active Social Policy », *World Politics*, n° 57, octobre, The Johns Hopkins University Press, Baltimore, MD.

OCDE (2000), *Études économiques de l'OCDE : Mexique 1999/2000*, volume 2000-13, OCDE, Paris.

OCDE (2001), *Petite enfance, grands défis II : Éducation et structures d'accueil*, OCDE, Paris.

OCDE (2001), *La nouvelle économie : mythe ou réalité?* Le rapport de l'OCDE sur la croissance, OCDE, Paris.

OCDE (2002), *Bébés et employeurs. Comment réconcilier travail et vie de famille (volume 1): Australie, Danemark et Pays-Bas*, OCDE, Paris.

OCDE (2003), *Bébés et employeurs. Comment réconcilier travail et vie de famille (volume 2) : Autriche, Irlande et Japon*, OCDE, Paris.

OCDE (2004), *Bébés et employeurs. Comment réconcilier travail et vie de famille (volume 3) : Nouvelle-Zélande, Portugal et la Suisse*, OCDE, Paris.

OCDE (2005), Bébés et employeurs. Comment réconcilier travail et vie de famille (volume 4) : Canada, Finlande, Suède et le Royaume-Uni, OCDE, Paris.

OCDE (2005), « Bébés et employeurs. Comment réconcilier travail et vie de famille », *Synthèses de l'OCDE*, mars, OCDE, Paris.

OCDE (2005), *Accroître les chances de chacun. Pour une politique sociale active au bénéfice de tous*, OCDE, Paris.

OCDE (2005), « *Accroître les chances de chacun. Pour une politique sociale active au bénéfice de tous* », Communiqué final de la réunion des ministres des Affaires sociales de l'OCDE, Paris, 31 mars-1er avril.

OCDE (2005), *Panorama de la société. Les indicateurs sociaux de l'OCDE*, OCDE, Paris.

OCDE (2006), *Panorama des statistiques de l'OCDE 2006*, OCDE, Paris.

OCDE (2006), *Petite enfance, grands défis II : Éducation et structures d'accueil*, OCDE, Paris.

Quintini, G. et P. Swaim (2003), « Mettre au travail les inactifs », *OCDE Observateur*, novembre, OCDE, Paris.

Sleebos, J.E. (2003), « Low Fertility Rates in OECD Countries: Facts and Policy Responses », OECD Social, Employment and Migration Working Paper No. 15, OCDE, Paris.

Shipler, D.K. (2004), « A Poor Cousin of the Middle Class », *The New York Times*, 18 janvier, New York, NY.

Shipler, D.K. (2005), *The Working Poor: Invisible in America*, Vintage, New York, NY.

Sourcemex (2005), « At Least One-Fifth of Mexican Children Live in Poverty », 8 juin, Latin American Data Base, The University of New Mexico, Albuquerque, NM.

St-Martin, A. et P. Whiteford (2003), « Vers des emplois plus nombreux et meilleurs », *OCDE Observateur*, novembre 2003, OCDE, Paris.

Chapitre 4

Ahlin, Å. (2003). « Does School Competition Matter? Effects of a Large-Scale School Choice Reform on Student Performance », Working Paper 2003:2, Department of Economics, Université d'Uppsala, Uppsala.

Brighelli, J.P. (2005), *La fabrique du crétin : La mort programmée de l'école*, Jean-Claude Gausewitch éditeur.

Cohen, J. (2006), Radio report from Arabia School in Helsinki, broadcast on *The World Tonight*, BBC Radio 4, 12 février.

Fuller, T. (2005), « The French Tackle Discrimination », *International Herald Tribune*, 1 décembre, Paris.

Hirsch, D. (2002), « Notre enseignement est-il de bonne qualité? L'enquête du programme PISA », *OCDE Observateur*, mars 2002, OCDE, Paris.

Korea Times, The (2006), « Widening Income Gap Changes Children's Lifestyle », 14 janvier, *Korea Times*, Séoul.

McNeill, D. (2004), « Japan's Lethal Teenage Angst: The Social Outsiders Who Hide Indoors », *The Independent*, 6 décembre, Londres.

OCDE (2001), *La nouvelle économie : mythe ou réalité?*, OCDE, Paris.

OCDE (2001), *Du bien-être des nations : Le rôle du capital humain et social*, OCDE, Paris.

OCDE (2004), *Apprendre aujourd'hui, réussir demain : Premiers résultats de PISA 2003*, OCDE, Paris.

OCDE (2005), *Regards sur l'éducation 2005*, OCDE, Paris.

OCDE (2005), *L'évaluation formative : Pour un meilleur apprentissage dans les classes secondaires*, OCDE, Paris.

OCDE (2005), « Formative Assessment: Improving Learning in Secondary Classrooms », *OECD Policy Brief*, novembre, OCDE, Paris.

OCDE (2005), *School Factors Related to Quality and Equity: Results From PISA 2000*, OCDE, Paris.

OCDE (2005), *Le rôle crucial des enseignants : Attirer, former et retenir des enseignants de qualité*, Coll. « Politiques d'éducation et de formation », OCDE, Paris.

OCDE (2005), « The Definition and Selection of Key Competencies: Executive Summary », *www.pisa.oecd.org/dataoecd/47/61/35070367.pdf*.

OCDE (2006), *Where Immigrant Students Succeed – A Comparative Review of Performance and Engagement in PISA 2003*, OCDE, Paris.

Sliwka, A. *et al.* (2005), « Canada : encourager le recours aux données sommatives à des fins pédagogiques », dans *L'évaluation formative : Pour un meilleur apprentissage dans les classes secondaires*, OCDE, Paris.

Staples, B. (2005), « Why the United States Should Look to Japan for Better Schools », *The New York Times*, 21 novembre, New York.

West, E.G. (1996), « Education Vouchers In Practice And Principle: A World Survey », Human Capital Development and Operations Policy Working Papers, World Bank, Washington D.C.

Chapitre 5

Bloom, D.E. et River Path Associates (2000), « Capitalisme social et diversité humaine », dans *La société créative du* XXIe *siècle*, OCDE, Paris.

Dew-Becker, I. et R.J. Gordon (2005), « Where did the Productivity Growth Go? Inflation Dynamics and the Distribution of Income », rapport présenté au Brookings Panel on Economic Activity, Washington D.C., 8-9 septembre.

Gaertner, M. (2006), « Canada Suffers Mass Lay-offs in Factory Exodus Strong Currency and Cheap China Imports get the Blame », *South China Morning Post*, 25 février, Hong-Kong.

Hindustan Times (2006), « Telstra Set to Off-shore 425 More Jobs to India », *Hindustan Times*, 6 février, New Delhi.

Krugman, P. (2006), « America's Oligarchs », *International Herald Tribune*, 28 février, Paris.

Lacey, M. (2004), « First Grader. Model Student. Great-Grandfather », *The New York Times*, 3 avril, New York.

Lohr, S. (2006), « US Outsourcing Fears: 'Data Don't Bear That Out' », *International Herald Tribune*, 24 février, Paris.

OCDE (2000), *La littératie à l'ère de l'information: rapport final de l'enquête internationale sur la littératie des adultes*, OCDE, Paris.

OCDE (2001), *Perspectives économiques 70*, OCDE, Paris.

OCDE (2001), *Du bien-être des nations : Le rôle du capital humain et social*, OCDE, Paris.

OCDE (2003), *Au-delà du discours : politiques et pratiques de formation des adultes*, OCDE, Paris.

OCDE (2003), *Perspectives de l'emploi – Édition 2003*, OCDE, Paris.

OCDE (2004), « L'apprentissage tout au long de la vie », *Synthèses de l'OCDE*, mars, OCDE, Paris.

OCDE (2004), *Cofinancer la formation tout au long de la vie : Vers une approche systémique*, OCDE, Paris.

OCDE (2004), *Perspectives de l'emploi – Édition 2004*, OCDE, Paris.

OCDE (2005), « Comment aider les travailleurs à naviguer sur des marchés du travail "mondialisés" », *Synthèses de l'OCDE*, juillet, OCDE, Paris.

OCDE (2005), *Promouvoir la formation des adultes*, OCDE, Paris.

OCDE (2006), « Étude économique d'Irlande, 2006 », *Synthèses de l'OCDE*, mars, OCDE, Paris.

OCDE (2006), *Perspectives de l'emploi – Édition 2006*, OCDE, Paris.

OCDE (2006), *Vivre et travailler plus longtemps*, OCDE, Paris.

Quinn, J. (2006), « Crédit Suisse could move another 5 000 jobs to the East », *The Daily Telegraph*, 22 février, Londres.

Rincon, P. (2006), « Retirement Age "Should Reach 85" », *www.bbcnews.com*, dernière mise à jour le 17 février.

Schleicher, A. (2006), « The Economics of Knowledge: Why Education is Key for Europe's Success », Lisbon Council Policy Brief, The Lisbon Council, Brussels.

Selva, M. (2005), « Classes Overflow as Burundi Abolishes School Fees », *The Independent*, 21 septembre, Londres.

Spitzer, M. (2006), « La recherche sur le cerveau et l'apprentissage tout au long de la vie », dans *Personnaliser l'enseignement*. Coll. « *L'école de demain* », OCDE, Paris.

Tsai, Shan P. *et al.* (2005), « Age at Retirement and Long Term Survival of an Industrial Population: Prospective Cohort Study », 21 octobre, *British Medical Journal*, Londres.

Chapitre 6

Altman, D. (2006), « Managing Globalization: Costs of Exporting Labor », *International Herald Tribune*, 22 mars, Paris.

BBC News (2005), « UK "Crippling Africa Healthcare" », *www.bbcnews.com*, dernier mise à jour le 27 mai.

Bakalar, N. (2006), « Cocktail Hour is Good for Senior's Hearts », *International Herald Tribune*, 3 août, Paris.

Bloom, D.E. et River Path Associates (2000). « Capitalisme social et diversité humaine », dans *La société créative du* XXI*e siècle*, OCDE, Paris.

Brook, Keith (2005), « Labour Market Participation: The Influence of Social Capital », *Labour Market Trends*, mars, Office for National Statistics, Londres.

Campbell, D. (à paraître), « What is Education's Impact on Civic and Social Engagement », dans *Measuring the Effects of Education on Health and Civic Engagement: Proceedings of the Copenhagen Symposium*, OCDE, Paris.

Cervantes, M. et D. Guellec (2002), « Fuite des cerveaux : Mythes anciens, réalités nouvelles », dans L'*Observateur de l'OCDE,* mars 2002, OCDE, Paris.

Coleman, J.S. (1988), « Social Capital in the Creation of Human Capital », *American Journal of Sociology*, vol. 94, University of Chicago Press, Chicago.

Field, J. (2005), « Social Capital and Lifelong Learning », in *The Encyclopedia of Informal Education, www.infed.org/lifelonglearning/social_capital_and_lifelong_learning.htm*, dernière mise à jour le 28 avril 2005.

Hardin, R. (2005), « Is Social Capital Declining? », *Axess Magazine*, n° 5, Axel and Margaret Ax:son Johnson Foundation for Public Benefit, Stockholm.

Helliwell, J.F. (2004), « Well-being and Social Capital: Does Suicide Pose a Puzzle? », NBER Working Paper n° 10896, National Bureau Of Economic Research, Cambridge, M.A., États-Unis.

Lochner, L. et E. Moretti (2001), « The Effect of Education on Criminal Activity: Evidence from Prison Inmates, Arrests and Self-Reports », NBER Working Paper n° 8605, novembre, National Bureau for Economic Research, Cambridge, M.A., États-Unis.

Moretti, E. (2004), « Workers' Education, Spillovers and Productivity: Evidence from Plant-Level Production Functions », *The American Economic Review*, vol. 94, n° 3, American Economic Association, Pittsburgh, PA.

Mullan, F. (2005), « The Metrics of the Physician Brain Drain », *The New England Journal of Medicine*, vol. 353, n° 17, 27 octobre, Waltham, M.A., États-Unis.

Naik, G. (2003), « Finns Use Group Effort To Come Up With Fix For Heart Disease », *The Wall Street Journal*, 14 janvier, New York.

O'Brien, C. (2005), « Meeting at the Crossroads », *The Irish Times*, 3 septembre, Dublin.

OCDE (2001), *Du bien-être des nations : Le rôle du capital humain et social*, OCDE, Paris.

OCDE (2003), « Santé et pauvreté dans les pays en développement – Les grandes lignes d'action », Synthèses de l'OCDE, novembre, OCDE, Paris.

OCDE (2006), « Lutte contre le suicide », L'*Observateur de l'OCDE*, avril, OCDE, Paris.

OCDE (2006), *Réformes économiques : Objectif croissance* – Édition 2006, OCDE, Paris.

OCDE (2006), « Projecting OECD Health and Long-Term Care Expenditures: What Are the Main Drivers », Economics Department Working Paper n° 477, OCDE, Paris.

OCDE/Organisation mondiale de la santé (2003), *Poverty and Health*. Coll. *Lignes directrices et ouvrages de référence*, OCDE, Paris.

Putnam, Robert (2000), *Bowling Alone: The Collapse and Revival of American Community*, Simon and Schuster, New York.

Rand (2002), « The Health Risks of Obesity », RandHealth Research Highlights, Rand Corp., Santa Monica, CA. *www.rand.org/congress/health/0602/obesity/rb4549/rb4549.pdf*.

Rosenthal, E. (2005), « Even the French are Fighting Obesity », *International Herald Tribune*, 4 mai, Paris.

Rossing Feldman, T. et S. Assaf (1999), « Social Capital: Conceptual Frameworks and Empirical Evidence: An annotated bibliography », Social Capital Initiative Working Paper No. 5, Banque mondiale, Washington D.C.

Shahjahan, B. et H.D. Evers (2005), « Social Capital and Sustainable Development: Theories and Concepts », ZEF Working Papers Series n° 2, Center for Development Research, Université de Bonn, Bonn.

Schuller, T. (2001), « The Complementary Roles of Human and Social Capital », *Isuma: Canadian Journal of Policy Research*, vol. 2, n° 1, printemps, Les Presses de l'Université de Montréal, Montréal.

Zagorsky, J.L. (2005), « Health and Wealth: The Late 20th Century Obesity Epidemic in the US », *Economics and Human Biology*, vol. 3, n° 2, Elsevier.

Chapitre 7

Abraham, K.G. et C. Mackie (éd.) (2005), *Beyond The Market: Designing Non-market Accounts for the United States*, The National Academies Press, Washington D.C.

Boarini, R., A. Johansson et M. Mira d'Ercole (2006), « Alternative Measures of Well-Being », OECD Social, Employment and Migration Working Paper n° 33, OCDE, Paris.

International Herald Tribune (2006), « Calculating the Pay for Stay-at-Home Moms », *International Herald Tribune*, 4 mai, Paris.

Kencho Wangdi (2006), « Measuring GNH », *www.kuenselonline.com*.

Lindert, Peter H. (2004), *Growing Public: Social Spending and Economic Growth Since the Eighteenth Century*, Cambridge University Press, Cambridge.

National Round Table on the Environment and the Economy (2003), *Environment and Sustainable Development Indicators for Canada*, Renouf Publishing, Ottawa.

OCDE (1996), *Mesurer le capital humain : Vers une comptabilité du savoir acquis*, OCDE, Paris.

OCDE (1998), *L'investissement dans le capital humain : Une comparaison internationale*, OCDE, Paris.

OCDE (2001), *Du bien-être des nations : Le rôle du capital humain et social*, OCDE, Paris.

OCDE (2004), *Comprendre la croissance économique*, OCDE, Paris.

OCDE (2006), *Réformes économiques : Objectif croissance 2006*, OCDE, Paris.

OCDE (2006), *Panorama des statistiques de l'OCDE 2006*, OCDE, Paris.

Rowe, J. et J. Silverstein (1999), « The GDP Myth », *The Washington Monthly*, vol. 31, n° 3, Washington D.C.

Schleicher, A. (2006), « The Economics of Knowledge: Why Education is Key for Europe's Ssuccess », Lisbon Council Policy Brief, The Lisbon Council, Brussels.

Stevens, C. (2005), « Mesurer le développement durable », *Cahiers statistiques de l'OCDE n° 10*, septembre, OCDE, Paris.

Teitel, M. (1996), « End Public Education, It Just Leads to Unrest », *The Toronto Star*, 26 juillet, Toronto.

Crédits photos

Couverture © Genna Naccache/Getty
Images ; pp. 8-9 © Awilli/Zefa/Corbis;
pp. 20-21 © Isabelle Eshraghi/Agence Vu;
pp. 42-43 © Frank Lavelle;
pp.64-65 © Isabelle Eshraghi/Agence Vu;
pp. 84-85 © Isabelle Eshraghi/Agence Vu;
pp. 102-103 © Larry Towell/Magnum Photos;
pp. 122-123 © Eli Reed/Magnum Photos.

LES ÉDITIONS DE L'OCDE, 2, rue André-Pascal, 75775 PARIS CEDEX 16
IMPRIMÉ EN FRANCE
(01 2007 10 2 P) ISBN 978-92-64-02910-1 – n° 55330 2007